中共天津市委教育工作委员会
天 津 市 教 育 委 员 会 指导编写

教子我有招

——陪伴孩子成长36例

主　编　陈秀茹
副主编　张铁梁

天津大学出版社
TIANJIN UNIVERSITY PRESS

图书在版编目(CIP)数据

教子我有招：陪伴孩子成长36例：中共天津市委教育工作委员会、天津市教育委员会指导编写 / 陈秀茹主编；张铁梁副主编. -- 天津：天津大学出版社，2022.4

ISBN 978-7-5618-7159-1

Ⅰ.①教… Ⅱ.①陈… ②张… Ⅲ.①家庭教育 Ⅳ.①G78

中国版本图书馆CIP数据核字(2022)第068673号

JIAOZI WO YOUZHAO—PEIBAN HAIZI CHENGZHANG 36 LI

出版发行　天津大学出版社
地　　址　天津市卫津路92号天津大学内(邮编:300072)
电　　话　发行部:022-27403647
网　　址　www.tjupress.com.cn
印　　刷　天津泰宇印务有限公司
经　　销　全国各地新华书店
开　　本　148 mm×210 mm
印　　张　6.5
字　　数　187千
版　　次　2022年4月第1版
印　　次　2022年4月第1次
定　　价　38.60元

序

在现实生活中，每一位家长对教育孩子都有自己的想法和做法。请看以下这些家长的做法，这都是望子成龙、望女成凤的父母的所作所为，很可能也是您的所为：有些父母，希望孩子快快长大，在孩子的食谱里，有了牛奶面包、五谷杂粮还嫌不够，他们还要配上种种“营养液”，恨不得把天底下的好东西，全都装进那小小的肠胃中；有些父母，望子成龙心切，要求孩子兼有多种爱好和专长，如钢琴、绘画、舞蹈等，想让孩子百科无所不晓、百艺无所不精；有些父母，相信“金钱是万能的”，对孩子的奖惩一概与物质利益挂钩，他们认为世上最伟大的爱，是为后代留下金山银海；有些父母，在孩子的成长道路上，遍设温室和驿站，替他们抗御风暴，剪除荆棘，又沿途铺上晶莹光洁的大理石，以营造孩子“一路平安”的坦途；有些父母，关心孩子的生活、健康，却又不关心他们怎样为人处世，忽视了对他们心灵的培养，忘记了要把孩子塑造成一个真正的人；有些父母，恨铁不成钢，用学习成绩代替一切，只信奉棍棒之下出孝子，导致孩子的心灵受到扭曲……这样的“有些”还能写出很多。孩子仿佛都成了我们每个家庭“星空”中的耀眼“恒星”——父母眼中的“中心”。其结果，使孩子在长大后很难成家立业。正是家长们这种“无微不至”的爱和教育，使得孩子慢慢地变得骄奢、懒惰、冷漠，心安理得，不理解父母的一片爱心，更不知稼穑之艰难、工作之辛苦、养育之不易，反而认为父母就应该为他们服务，因而造成孩子不正常的心态与行为，甚至走上犯罪的道路。

关注教育，关注家庭教育，关注孩子，搞好家庭教育，早已迫在眉睫！2022 年 1 月 1 日《中华人民共和国家庭教育促进法》施行，将家庭教育由旧时期的传统“家事”上升为新时代的重要“国事”。

国内外大量实验表明：大凡才智出众的人，追溯其成长过程，一般都受过良好的家庭教育。美国心理学家布鲁姆的研究认为：若人在 17 岁所达到的智力水平为 100%，那么儿童在 4 岁时已具备了其中的 50%，4~8 岁获得 30%，而 8~17 岁增加 20%。由此可见，家庭教育对孩子成人前教育的重要性。父母的一言一行、一举一动，对孩子来说都是示范，也都是诱导。这种建立在父母血缘关系上的养育和教导，渗透着远比师生之间的爱来得更自然亲近和持久的情爱因子。而这种面对面的个别教育，更容易满足孩子的个性需求，也更容易为孩子在不知不觉中所接受，所以家庭教育对于孩子有更天然的合理性。只要家长善于为孩子提供适宜的条件、教育得法，几乎每个孩子都能得到良好的发展，并显示出智慧和才能的光彩。父母是孩子的“第一任老师”，然而，没有人生来就是合格的父母。

好父母都是学出来的。没有天生的成功父母，也没有不需要学习的父母，成功的父母都是在不断自我学习与提高的。没有一个人是轻易就能取得教子成功的。一位优秀的母亲甚至说：“很多人都认为我很轻松，说你的孩子那么优秀，根本就不要你管。殊不知，我连晚上睡觉似乎都有一个眼睛是睁着的！”好母亲懂得防患于未然，而不合格的母亲是，孩子的问题已经很严重了，甚至老师都已经找孩子谈话了，她还没有意识到问题的存在。21 世纪的信息社会对人的素质要求越来越高，任何岗位都要求培训、考核，但似乎只有生养、教育孩子不需要培训，好像自动就会上岗而且永远不会下岗，其实这种认识是错误的。每一个人都要学习做父母的知识，关于怎样做父母的意识和知识准备得越早越好、越充分越好。

好孩子都是教出来的。很多优秀父母的一个共同点就是他们在教育孩子上费尽心思。《焦点访谈》节目曾介绍过世界中学生奥数竞赛金牌获得者安金鹏的事迹。他家境贫寒，考取了重点中学却没钱上学。父亲说，你出去打工吧，有的人上了大学还找不到工作，更何况你能不能上大学都还不知道。但他的母亲坚决不同意，并将家里唯一的一头毛驴卖了。入学后，安金鹏成为学校里唯一一位连素菜也吃不起的人，也是唯一一位连肥皂都用不起的人。一般来说这样的孩子全靠自己了吧？当面一问才知道，虽然这位母亲初中都没毕业，但她却要求孩子在上小学之前养成好的学习习惯。仅此一点又有几个大学毕业的父母能做到呢？

好成就都是化出来的。智力不是最重要的，比智力更重要的是意志，比意志更重要的是品德，比品德更重要的是一个人的胸襟和抱负。遗憾的是，现在对品德重视的人不是越来越多，而是越来越少了，跟父母们谈品德教育似乎不合时宜。至于说到一个人的胸襟和抱负，更是父母们不愿听的海外奇谈，因为与当下的考试分数无关！意志、品德等这些最重要的因素不是通过父母的说教等“显教育”就能产生效果的，而是通过父母的行为即“潜教育”化进孩子的血肉里的。因此孩子是站在父母的肩膀上的，父母能走多远，孩子就能走多远，父母能有多高，孩子就能有多高。

本书旨在帮助家长重新认识家庭教育，为家长提供改进教育孩子方式的实用方法。对于家长，不但应为家庭教育投入心血和热情，而且要以科学的态度和方法对待孩子的教育问题，努力走出家庭教育的误区。本书的每篇文章都像一个小宝库，外表看起来也许很平常，只要走进去了，就会有惊人的发现。这些文章读一次根本不够，值得反复读。每一次阅读都会有新的收获，都让我们感动和欣喜。它不仅提高了我们教育孩子的水平，也推动了我们自身作为家长、作为普通人的成长！

期待更多的家长和孩子一道成长起来！

张铁梁

2022 年 4 月

目录
Contents

PART 3 厚积薄发——指导孩子学会做人

PART 4 立足社会——指导孩子学会合作

家长教子要有满满的正能量

武志红在《父母这些神逻辑，正在毁掉孩子的一生》一文中提到，吃穿跟差的比，学习跟好的比。自己跟差的比，让孩子跟好的比。自己没做过第一，逼着孩子拿第一。自己这辈子没有多大成就，让孩子给自己争口气。自己对孩子的侮辱从不记得，孩子做过的错事记忆犹新。自己背后说亲戚坏话，让孩子在亲戚面前有礼貌别给自己丢人……父母总是以他们认为“对”的方式，来替孩子安排人生。试想一下这些神逻辑，是不是在我们周围也发生过，仔细想想有些事情或多或少就发生在我们自己周围或自己身上。有的孩子上幼儿园、小学低年级时没有自己的想法、看法，家长也没有觉得有什么不对，觉得孩子听话很乖巧是个好孩子，到了青春期孩子看问题会有自己的想法、自己的判断，有时会说（有时不说心里也会想）：还说我呢，你小时候能怎么了？让我们想一想孩子的逆反心理，亲子关系的僵持及对未来不可预测，甚至不可控的事情，是不是在这样的环境下慢慢形成了？

在日常生活中，许多的父母和孩子经历过这样的事情，孩子兴冲冲地回家告诉妈妈：“我考了 85 分，只错了……”孩子本想得到家长的表扬，但是，没想到妈妈板起了面孔说道：“你错的题都是应该错的吗？如果会就应该都做对，你看看 ×× 家的孩子每次都如何如何”家长没有考虑试卷的难度、学科的特点、孩子的学习基础等相关因素，只是一味地给孩子提出更高的要求，孩子此时会自然而然地认为：不管我做得怎样，妈妈都是不满意的……作为父母只按自己的主观想法对孩子提出不能实现或难以实现的要求，对孩子评价标准的不科学、不全面，对孩子的期望值脱离孩子的实际情况和正常的成长规律。《家庭教育促进法》贯彻落实关于注重家庭家教家风建设的重要论述，通过制度设计采取一系列措施，改变家庭只是学生课堂的延伸、家长只是学校老师助理的状况；明确了父母或者其他监护人对未成年人实施的道德品质、身体素质、生活技能、文化修养、行为习惯等方面的培育、引导和影响。所以，家庭教育要求家长根据自己孩子的个性特点及成长规律不断调整自己对孩子提出的发展目标、要求，改变教育方式方法。

一、家长要求孩子的正与误

首先，客观认识与以偏概全。

每个人都会有自己的先天优势，有自己擅长的方面，父母要关注、观察自己的孩子，凭借自己的洞察力对孩子有一个全面客观的认识，从孩子的优势和擅长的方面来培养孩子，切记不要只拿文化课成绩对孩子提出要求，作为唯一的衡量标准。所以，父母要多学习一些关于孩子发展过程中的家庭教育的相关知识，懂得孩子的身心发展规律及各个发展阶段的特点，帮助孩子进行科学全面的分析，安排他们的学习和培训，不要只凭自己的主观意愿来要求教育孩子。

其次，宽容理解与过多施压。

在我国，不少父母对孩子的教育是倾其所能、倾尽全力的，但孩子成长发展的主体是孩子本身，家长是教育者、辅导者、引导者，对此父母一定要有清晰的认识，也应清楚地知道孩子的能力、精力是有限的。我们对孩子应该宽容一些，多给孩子时间，多给予具体有针对性的指导，只要找对孩子的优势，知道孩子擅长什么，在专业人士的指导与帮助下挖掘孩子的潜能，相信您的孩子也一定能够获得成功，关键是不要在孩子不擅长的领域给孩子施压，逼迫孩子用自己的弱势与别的孩子的优势进行比较，家长之间不要拿孩子进行攀比，这样会越比越没信心，孩子对自己的认识也会不客观。

再次，掌握适度与放纵容忍。

发展中的孩子身心都不成熟，日常中会犯各种错误，有些错误反反复复地犯，这种情况贯穿了成长的全过程。面对反复犯错的孩子，父母应该压下心头怒火、放松心态。其实孩子犯错时对孩子进行批评教育甚至是惩罚也都是应该的，关键是掌握合适的度，慢慢纠正孩子的错误行为；对孩子的忍耐和宽容也要有个度，不可一味地放纵不管。说到这，家长不要焦虑，这个度太难掌握了，回想一下我们的童年是不是也有什么都干不太好让父母生气的阶段呢？当时父母是怎样对待我们的？哪些值得我们借鉴，哪些教训我们可以梳理、思考、提前预判、提前引导，尽量不让自己的错误、教训发生在自己的孩子身上，如果已经发生在孩子身上了，作为父母对犯错孩子的容忍与理解，是给孩子改正错误的机会，也是自己成长的过程。

最后，物质满足与精神幸福。

当下的父母不管家里的实际情况如何，只要是孩子想要的，会尽全力予以满足。所以，目前的情况是家家户户的孩子在玩具、学习用品、生活用品方面追求品牌、高端物品，但是在孩子情感、精神层面投入较少，为数不少的孩子物质上得到的过多，而精神上获得的关注较少甚至很少，孩子的幸福时光减少了。为人父母请谨记，当孩子还小时要给孩子一个快乐的童年，这是孩子最珍贵的精神财富，幸福是孩子的一种亲身感受，要想让孩子感受到幸福，除了物质上的满足，更要从小就培养孩子感受幸福的能力。

二、家长积极正向引领

每个人都对自己的家庭有不同的依赖。好的家庭教育一定伴随着父母与孩子的共同成长，这是一个互相影响的过程，父母不断地学习思考对孩子的影响是深刻的，这就是对孩子的积极正向引领。

一是，帮助孩子成长。

家庭教育中有一句话很受用：没有父母的成长，就没有孩子的成长。榜样的力量是无穷的，而父母就是孩子身边的榜样。追根溯源，通过孩子，我们总能找到孩子的原生家庭对孩子的影响，通常孩子懂礼貌，对人真诚，我们能发现孩子身后的温馨和谐的家庭的影子；一个人如果脾气暴躁，对人不信任，我们也能发现孩子身后有一个充满冲突和矛盾的家庭的影子。

二是，重视孩子品德。

大量事实证明，在影响终身发展的因素中，分数并不是最重要的，起着制约作用的是品德、品格。现在不少父母还是只关心或过度关注孩子的学习成绩，只要孩子能考出好成绩就会尽力答应孩子的要求，有些孩子为了达到目的会有一些不当的行为，处事以自我为中心、不考虑别人的感受等，这些日常能见到的孩子的品德、品格问题，父母视而不见。孩子不知道也没有经历过犯错受处罚的经历和经验，偏颇地认为我只要学习好就行了，大家都会认同我。其实，人与人的差距是生活学习状态，状态好就会想做有意义的事。

三是，培养孩子优势。

大多数父母在培养孩子方面看重的是智力的培养，而忽视了非智力因素及情商的培养，回想一下我们的幸福体验时，是觉得自己有一件喜欢并擅长的事，它与学习成绩无关，能够使我们的业余时间、精神有所寄托。孩子们也应该有自己的兴趣爱好，让他有自己喜欢的东西、喜欢做的事情，无论将来孩子考上什么样的大学都会有自己的精神寄托，这影响孩子一生的生活质量。

四是，升华孩子心灵。

读书和记日记能净化灵魂、开阔视野、升华人格，成长中的孩子应多读书。但现实中不少孩子除了看看教科书之外很少读书，手机的使用越来越普遍，能够坚持记日记的孩子也越来越少了，大家都能够达成共识：读书能丰富人的精神世界助力孩子的成长，而记日记是个非常好的习惯，它可以让人对自己的学习和生活进行总结、思考、反思。还能够锻炼孩子观察生活、驾驭语言、提高写作水平、学会表达自己的情绪情感的能力，达到处理问题、开阔心胸、净化心灵的目的，让孩子的生活更精彩。

PART 1

成事成才
——指导孩子学会做事

学会做事是做合格公民的必然要求。既要学会实践，更要学会创造。学会做事，让孩子必须获得一种能力，这种能力使其能够应付各种情况，其中包括某些预料不到的情况，能促进劳动的成功。明确自己现在需要和最需要做什么，勇于创新；相信自己有能力做好自己需要做的事情；要勇于实践，努力提高办事能力。确切地说，做事能力不是学到的，而是在实践中锻炼出来的。俗话说，“不入虎穴，焉得虎子”，强调的就是实践的重要性。家长要重视建造可供孩子参与的环境，激发孩子的兴趣，使孩子通过环境的交互作用、通过实践、通过做事获得知识和能力。

立品行 + 修涵养是成人之本

爱撒谎的孩子

小故事

李女士的女儿今年5岁，上幼儿园中班。最近一段时间，李女士发现孩子经常说谎：明明是她打了别的小朋友，可是她却说是小朋友打了她；明明是她把别人的玩具藏了起来，可她却说是别的小朋友让她藏的。更让李女士生气的是，周日在哄孩子睡午觉时发生的事让她觉得女儿的品行出现了问题。当时，她一边哄孩子睡觉一边时不时地看一眼手机里的信息，恰逢此时外面有人敲门，李女士放下手机应声去开门，临出去时嘱咐孩子闭上眼睛好好睡觉，可当她回来时却发现孩子并没有睡觉，而正在摆弄手机。看到妈妈进来，女儿急忙将手机放下，这让李女士很生气，质问女儿为什么不听话、为什么不睡觉、为什么玩手机。没想到女儿却一口否认说“没有玩手机”。事情明明已经摆在那里，但孩子还在“睁着眼睛说瞎话”，这让她气不打一处来，于是更加严厉地“审问”，可女儿仍一口咬定“没有玩手机”。她不明白女儿为什么会如此大胆地撒谎，想到女儿小小年纪就学会撒谎，长大了该怎么办。为此，她为孩子经常撒谎的行为伤透了脑筋，忧心忡忡，焦虑不安。

小分析

“孩子为什么会撒谎？”这是缠绕在许多家长心头、使其焦虑的“重大问题”。成年人通常认为，撒谎是一个人品行不好的表现，是人格有问题，所以孩子“撒谎”是一件父母不能容忍、不能原谅的事情，一旦发现孩子“撒谎”，便会紧张焦虑。

孩子究竟为什么撒谎呢？

1. 成人和孩子对“真实”的认知完全不一样。

很多父母对于孩子撒谎的焦虑，不仅仅是因为孩子撒谎，而是因为他们认为孩子一旦撒谎就永远都会这样，父母把这个问题无限延伸了，案例中的李女士就是如此。其实很多父母不知道，孩子在幼儿期的时候对真实世界的感觉和成年人有很大的不同。成年人对真实的感觉是实实在在的，看得见、摸得着的才是真实，是一种真实的感觉。而孩子的真实则可能是感觉到的，是感觉的真实。比如说，孩子觉得有个人不喜欢他，因为那个人没有给他糖或没有对他笑。虽然那个人可能并不认识他，但是孩子仍感觉那个人不友善，他觉得这就是真实，会产生反应。但是成年人不会有这种想法，他们知道自己不认识那个人，不会对自己有什么不利。孩子没有这种能力，所以，孩子的真实和成年人的真实不一样，孩子的真实不都是实实在在、看得见、摸得着的，他们的真实是感觉到的真实。孩子的很多体验是成年人不能理解或者觉得幼稚的，成年人不理解孩子们的感觉，产生“他们怎么会这样想、怎么能这样做”的疑问。在本案例中，李女士看到女儿没有睡觉而在摆弄手机，认为这是被自己抓在手里、实实在在、铁打的事实，是她对真实的感觉。而在女儿的感觉世界里，手机已经放下了、不在自己的手里了，“我没有玩手机”是她感觉到的真实，她把自己的感觉当成了真实的存在，所以一口咬定没有玩手机，才让妈妈认定孩子在“睁眼说瞎话”。

由于成人与孩子对真实的认知不一样，导致成人认为孩子说谎的事例在现实中有很多，如果家长能够认识到孩子在此时此刻没有拿着手机，她说的是“真话”，那么，在对待那些“睁眼说瞎话”的孩子时就有可能减少愤怒和焦虑，不再一味地指责、呵斥孩子。

2. 孩子撒谎往往是想逃避惩罚，寻求安全的心理防御。

应该承认，大多数家长对孩子的行为表现还是比较关注的，一旦发现孩子有撒谎行为会严加管教，或讲道理，或批评斥责，或恐吓呵斥，等等。长期采用这些严厉的管教方式，会使孩子在家长面前总觉得处处受到约束和限制，不能自在放松地表现自己，有话也不敢随便对家长说。尤其是做了错事的时候，为了逃避惩罚，会本能地编造谎话来掩盖事实的真相。在本案例中，看得出来李女士对孩子的管教是比较严厉的，连珠炮般的三个“为什么”，会让孩子感到紧张并产生恐惧感，她会本能地用以往的经验对付妈妈，以保护自己的心理安全。

3. 父母的不当言行，让孩子学会了撒谎。

幼儿时期的孩子还没有建立起判断的标准与能力，他们对自己行为对与错的判断更多的是从父母的情绪中读出来的，看到父母高兴了他们会觉得自己做得对，反之就做得不对了。久而久之，孩子学会了察言观色，看着大人的脸色说话和做事，为了讨得父母高兴，就会编出一些谎话来骗父母。有的父母会当着孩子的面议论别人的长短，讲一些不适宜在孩子面前讲的话，并叮嘱孩子“千万不能把这话告诉别的小朋友”，这样孩子很快就会学会这种“当面一套、背后一套”的不诚实行为。还有的父母由于管教不得法，为了哄骗孩子好好吃饭等，随便向孩子许诺“买新玩具、去公园”等，事后又不兑现，孩子发现父母不守信用，内心会很失望，并由此产生一种印象，认为父母在欺骗自己、在撒谎，这会对孩子的行为产生负面影响，使其在不知不觉中学会了撒谎。

此外，引发孩子撒谎行为的原因有可能是为了引起父母或小朋友的注意，摆脱不受重视或被小朋友和父母冷落时的内心失落，为寻求心理补偿而撒谎；还有可能是为了不做自己不想做的事而撒谎等。

“怎么样让孩子不撒谎？”

这又是许多家长的“重大难题”。通过上面的案例我们会发现，造成李女士的女儿经常撒谎的原因可能有多种，既有父母对孩子撒谎行为的误解，又有父母严厉管教的结果，还有父母平时的言行表现等，所以一种行为的背后可能会有多种原因。要让孩子不撒谎、少撒谎，父母们不妨从上述原因分析入手，反思自己是否有助长孩子撒谎的行为。如果有，则要规范自己的言行，尽量避免让孩子从父母身上学会撒谎。

除此以外，特别需要提醒家长的是，并不是所有的说谎都是有问题的。第一，幼儿时期的孩子，一方面由于他们的认知水平低而难辨自我与环境、是非真假，容易说谎；另一方面由于此时的孩子爱幻想、想象力丰富，常把幻想与现实混在一起（即上文所提及的孩子“感觉的真实”）而当作真实内容来描述，即为了满足幻想的欲望而无意识说谎。因此，孩子偶尔撒谎是正常现象，父母千万不要给孩子贴“撒谎”的标签，只需要及时引导即可，大可不必紧张焦虑，觉得孩子撒谎“不得了、不能容忍、今后怎么办”，或是把孩子的撒谎行为无限延伸而给自己带来恐慌。

父母不要对孩子说谎的行为盯住不放，纠缠不休，父母反应过当会加重孩子的心理负担。特别是对幼儿期的孩子更不应如此，因为他们还不具备反思撒谎行为的能力，甚至都不知道错在哪里，只能从父母的态度和情绪中感到恐惧。孩子为了逃避惩罚、让父母高兴，就会经常出现说谎行为，久之则会演变为一种稳定的个性，使说谎成了一种习惯，这才是家长们应该感到紧张的所在，这一点需要引起家长的高度重视。

当发现孩子撒谎时，父母尽量做到：控制情绪——不着急，不恐吓，不呵斥；不讲大道理——幼儿园的孩子还不懂大道理；不求证——不逼孩子说“真话”；不翻旧账——就事论事；不质问——“你为什么说谎话？”这样的问话对年幼的孩子没有丝毫作用，只能增加恐惧感；当时不处罚——孩子怕犯错，处罚是孩子心理深刻的体验，但不是家长适当的教育方法；适当表达自己的感受——“妈妈（爸爸）知道你是好孩子，喜欢你，今天你要是听话就更好了”，让孩子摆脱撒谎带来的不安全感；延迟处理——时间是平复情绪的良药，情绪平和了，思想理智了，会想出更好的处理办法，才有可能与孩子正常交流、引导他们；制定规则——和孩子签订协议，如果发现说了谎话，则要受到惩罚（内容可包括适当的罚站、不满足孩子的其他要求、不和他说话等）。重要的是，一旦签了协议，家长一定要坚持去做，否则难以纠正孩子的说谎行为。

孩子长大之后要进入成人社会，要生活工作，家长若希望孩子成为一个受社会赞赏、被社会接纳的诚实的孩子，就要从现在起，在对待年幼孩子的撒谎问题上，调整自己的心态，养成良好的行为习惯，建立和谐的家庭关系，为孩子做出良好的榜样，因为孩子时刻在观察你、学习你。

奔走在兴趣班的孩子

小故事

现在是暑假，再开学王捷就该上五年级了。本来放暑假应该是高兴的，可王捷却怎么也高兴不起来，因为妈妈给她报了好几个兴趣班，基本上把暑假的时间占满了。自上学以来，王捷每个暑假基本上都是这样度过的，想到从幼儿园开始妈妈就让自己参加了好多个兴趣班，如舞蹈班、古筝班、珠心算班、游泳班、绘画班，甚至还有一个早教班（当然这是听妈妈说的）。上学以后，每个星期只要有一点儿时间都用在上各种兴趣班上。暑假又不得闲，妈妈又给她报了写作班、国学班、乒乓球班、朗诵班，让她永远像陀螺一样被妈妈拿着鞭子抽打着，始终停不下来。而且有好几个她自己不愿意上，没有兴趣，感觉已经学腻了，可是妈妈总是想办法逼着上，这让她对妈妈充满了怨恨。也曾有过几次抗争：“为什么要上这么多兴趣班？”妈妈总是有很多理由：“让你上的兴趣班都是对你将来有好处的，多学点儿有什么不好？艺不压身！再说，我们不能输在起跑线上，现在社会上竞争多激烈！早学，多学，不能落在别人后边！我们这是为你好！”

小分析

1. 家长不良心理的驱使导致孩子丧失学习兴趣。

不得不承认，在现今社会环境、教育环境大背景的影响下，一些家长对孩子的过度关注使自己一直生活在担心、不安、紧张、忧虑的状态下，产生了过于焦虑的心理。而从众、盲从、攀比的行为使他们适当地缓解了这种焦虑，他们觉得：多学点儿总比不学好，早学点儿肯定比晚学好，别人学得好，我的孩子只要学就会更好。于是不断地以各种理由替孩子做主，报各种兴趣班。孩子在时间、精力、学业的重压下，逐渐丧失学习兴趣。

2. 孩子的兴趣由家长决定。

第一，家长不在意这些课外班中有多少是孩子感兴趣的、愿意学的，只是凭想当然地替孩子做主。让孩子学钢琴、学游泳、学跆拳道等，从未考虑过孩子的意愿。比如王捷，尽管她对有的兴趣班不感兴趣，但在妈妈的“逼迫”下，不得不学，长久下去，学习的乐趣、兴趣会丧失殆尽。

第二，不允许孩子的兴趣“转移”。孩子们的兴趣具有不稳定性，兴趣来得快、去得也快，难以形成主要兴趣，这是小学生兴趣发展的特点。在现实中，家长经常发现孩子的兴趣不稳定，会不断地有新的兴趣出现，然而家长并不了解这一点。如果新的兴趣与学习、才艺等无关，则会被家长打压下去。想去学厨艺？不行，这和学习不搭界；想学航模？不行，现在还早，还不是学的时候。总之，家长对兴趣班的选择一切以孩子的学习、才艺和身体健康为主，其他不考虑。这种实用性、功利性的决定在一定程度上影响了孩子兴趣的广泛发展。

3. 家长不理智的报班行为导致家庭矛盾频发。

北京电视台做了一档节目《老师请听我说》。在这档节目中，有数个家庭的家长由于在孩子上兴趣班问题上的不理智行为：卖房子、抛家舍业，为圆自己梦想、不管条件如何硬要孩子成为舞蹈家……导致家庭矛盾不断发生，而且越发激烈，包括夫妻矛盾、婆媳矛盾、姐弟矛盾、母（父）子（女）矛盾等。虽然他们来到了电视台，有老师的分析与开导，但看得出来，家长们对孩子的担忧仍然存在，家庭矛盾也难以弥合。尤其是亲子关系所造成的孩子痛苦与怨恨的情绪，不仅使兴趣丧失，更为重要的是孩子的心理受到了极大的影响和伤害，这是家长们没有想到的后果。

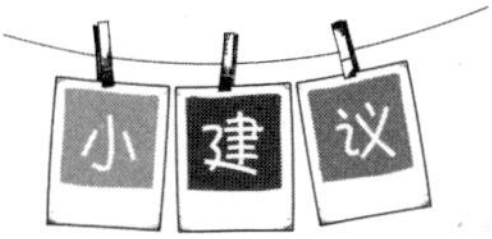

1. 尊重兴趣是前提。

选择兴趣班一定要尊重孩子的兴趣，几乎所有的家庭在为孩子选择兴趣班时，都是由家长做决定，但这个决定应该是在和孩子商量后的结果，家长千万不要自行决定。经常看到一些家长擅自作主为孩子报名，这样反而会使孩子由于不满家长的决定而更加讨厌学习，这样的例子有很多。

2. 允许孩子有其他兴趣。

正处于学习阶段的孩子需要有学习热情，激发孩子的学习兴趣是非常必要的，但如果家长把孩子的兴趣限制在与学习、才艺等相关的兴趣上，而不允许发展其他兴趣的话，无异于是对孩子梦想的禁锢束缚，这是一种短视的行为。一般来说，孩子的兴趣越广泛，越能获得更多的知识，越能为学习助力，越能为孩子今后的发展奠定较好的基础。家长切不可只看眼前，眼光应放长远。对于孩子的其他兴趣，家长们尽量不要用“与学习无关”的理由扼杀。

3. 允许孩子转移兴趣。

心理学研究表明，少年儿童对任何新鲜的刺激（事物）都抱有好奇心，正是这种好奇心能够激发孩子对某一事物的兴趣，但这种兴趣具有不稳定性，比较表面化，容易转移。家长们经常说的“不知道孩子喜欢什么”“今天是这样，明天又是那样”，就是这种兴趣的写照。当你发现孩子对你所要求的东西失去兴趣时，不必过于着急生气，这是孩子的正常表现，要相信孩子对一个事物不感兴趣时，一定会有对另一个事物的兴趣产生。

4. 引导和帮助孩子维持兴趣。

作为家长，不希望孩子的兴趣不稳定，怎样维持一个较为稳定的兴趣呢？心理学研究表明，如果孩子对他所做事情的结果感到满意时，会形成比较稳定的兴趣，如学习兴趣。如果孩子在学习过程中由于刻苦认真，成绩有了进步得到了家长或老师的赞扬，就会产生一种满足感，而这种满足感会让他在后续的学习中更加努力，更会被肯定，对他维持学习兴趣会有良好的帮助。又比如学习钢琴，如果孩子通过枯燥的练习后钢琴水平不断提升，并且不断通过考级，那么他就会逐渐对学习钢琴不再抗拒，有了学下去的兴趣。所以，针对维持兴趣，家长要做的就是在孩子做某一件事情时，让他不断取得小小的进步和成功，家长配合以适时适当的欣赏、鼓励、肯定、表扬等激励方法，孩子就有可能将兴趣维持下去，甚至可能会发展成为爱好、特长，乃至于以后的职业。

养成好习惯

三年三班的小亮没有好的学习习惯——这是老师给他下的结论。岂止是没有好的学习习惯，像懂礼貌、讲卫生、守纪律、帮助同学等其他的好习惯，他也没有，在班里小亮是一个让老师头疼的学生。入学以来，学校和老师在学生良好习惯的培养上下了许多功夫，很多学生已经慢慢地养成了一些好习惯，为什么小亮就没有多少好习惯呢？老师利用班会的机会了解到，在家里小亮是哥哥，还有一个弟弟上一年级以及一个妹妹还没有上学。爸爸做小生意每天特别忙，回家很晚。妈妈虽然在家，但基本上是照顾妹妹、做饭、做家务，有时还要做爸爸的帮手。用妈妈的话说:“我们两个人每天都忙得不得了，能让他们吃上饭已经很不错了，至于学习和其他的根本顾不上，反正有学校管着他们呢！”提到小亮的习惯问题，妈妈说:“我们也不知道什么是习惯，反正该怎么做就怎么做吧。”老师还从其他同学那里得知，小亮的家里乱七八糟，大人吵、孩子叫，可以说是脏乱差。老师明白了，小亮在家里基本上处于“放养”的状态。

1. 养成好习惯家长不可缺位。

习惯养成的关键时期是孩子的幼儿园和小学阶段，这一阶段孩子的习惯养成主要在家庭内部，家长当仁不让地成为培养孩子习惯的老师，而家庭则成为培养习惯的“学校”。在这所“学校”里，作为“老师”的家长，要做到以下几点：第一，需要有责任意识，明白你负有培养孩子习惯的重任；第二，需要有角色意识，时刻提醒自己是孩子的“老师”，言谈举止对孩子的影响无处不在；第三，需要有好的习惯。在上面的案例中，小亮的父母忙于生意和生计，忽略了对小亮的习惯培养，他们认为“反正有学校管着”，把自己该承担的责任推给了学校。同时，他们的“争吵”行为以及平时的言行对小亮的习惯养成有着潜移默化的消极影响。此外，父母没有意识或忽视了自己是否有好习惯，或者根本不知道什么是习惯，更谈不上培养孩子的好习惯。正是由于父母在这三方面的缺位，小亮才有许多不好的习惯和表现。

2. 习惯培养的误区。

许多家长在孩子习惯的培养上存在以下误区。

一是家长的作用就是提要求——监督过程，忽视了“耳濡目染、潜移默化”的作用。如阅读的习惯，如果家长只提要求，而自己则在孩子面前不停地玩手机、看电视，孩子的阅读习惯就难以养成。同样，如遵规守纪、助人的习惯等，如果没有家长以身作则的表率作用也很难形成。

二是关注学习习惯多、其他习惯少。小学生的学习当然是家长非常关心的，随之培养好的学习习惯也成了家长关注的重心，而对其他习惯或知之甚少，或不重视。如自律的习惯、自信的习惯、同情弱者的习惯等，这些习惯在家长看来，在当前比不上学习重要，其实这些习惯的养成对孩子的成长及心理健康有着积极的作用。

三是一个习惯会很快养成。一个最为普遍的说法是：人在 21 天内可以形成一种新的习惯倾向，并且在 90 天左右固定为一个新的习惯。这是在实验室得出的一个结论。这个结论至少让我们知道，在现实生活中，由于环境、条件以及个人情况不同，短期内好的习惯不会形成，需要长期的坚持，不断重复与练习。

四是习惯培养重开始、轻结果。在一些家庭里，虽然家长也认识到了好习惯对孩子的重要性，但往往是开始时很重视，随着时间的推移，家长失去了耐心、失去了坚持性，培养的结果如何似乎不再去想了，成了虎头蛇尾。

小建议

所谓“习惯”，是一种习得的自动化了的连锁动作。习惯可以在有计划、有目的的练习的基础上形成，也可以在无意识中多次重复同一动作的基础上形成。而良好的习惯必然在有意识的训练中形成，不允许也不可能在无意识中自发形成。

既然习惯是习得的，那么让小学生培养习惯就成为可操作的任务。多年来，培养良好习惯的实践已经证实，小学阶段是良好习惯养成的关键时期。在这一时期中，建议家长做好以下几点。

1. 需要重视孩子好习惯的培养。

习惯对于孩子的生活、学习乃至于今后事业的成功至关重要，有教育前辈曾说过，“习惯养得好终身受益，习惯养不好终生受其累”。然而遗憾的是，仍有许多家长对这个问题不够重视或不在乎。像例子中的小亮父母，对习惯的认识可能是一些家长观念的真实反映。值得注意的是，小亮在班里的发展如果照此持续下去，他将来很可能会成为一名麻烦学生，这与家长对孩子的教育关系相当密切。为了不让孩子“终生受其累”，父母需要担当起培养、教育的责任，而不是“我们也不知道什么是习惯，反正该怎么做就怎么做吧”。所以，为了孩子的健康成长和终身幸福，每一位家长都应该对孩子习惯的培养高度重视起来。

2. 注意习惯培养态度和方法的同步性和一致性。

经常有这样的家庭，在教育孩子问题上存在着很大的矛盾，家长们往往要求不一致、方法不一样，两位、甚至三四位家长会各执己见，在孩子面前争吵辩论。孩子处在这种“漩涡”中不知所措，导致习惯非但未养成，还给他们带来心理压力。所以，家长们应该对这一问题进行理智的思考，充分认识家长的做法对孩子的行为，尤其是心理上所造成消极影响的危害性，达到态度和方法协调一致，避免两败俱伤的情况出现。

3. 保持毅力，和孩子共同坚持。

从根本上说，任何一个好习惯的养成都不会是轻而易举的，那么毅力和坚持就成为习惯养成的重要保障。在习惯培养上的坚持有两个方面：一是时间上的坚持，只有时间上的保证，习惯才有可能养成，这需要家长和孩子共同的努力；二是行为上的坚持，这对家长就有了更高的要求。首先家长不仅要起到监督、提醒、纠正的作用，还要和孩子甚至包括自己在内的懈怠心理、厌烦、焦虑情绪进行“斗争”。这既需要毅力，又需要方法，无论如何，这对家长的坚持性、意志力都是一种考验。

而家长面临的另一个更为“严峻”的问题就是家长自身是否有相应的好习惯。如前面所说，培养孩子的阅读习惯、要求孩子读书，而家长却不读书或很少读书，经常做的就是玩手机、看电视、聊天等；再如，培养孩子讲文明有礼貌的习惯，而家长本身却做得不够好，就像案例中小亮的父母。家长的行为对孩子好习惯的养成影响重大，因为大家都知道“潜移默化”“近朱者赤，近墨者黑”的道理。所以，很多家长在培养孩子好习惯的同时，也面临着改变自己坏习惯的考验，这更需要毅力和长久的坚持。

好习惯很重要，因为“现在我们养习惯，将来习惯养我们”。但必须认识到，养成好习惯的过程有可能很难并且相当曲折。因此，如果家长想培养孩子的好习惯，并在培养孩子好习惯的过程中改正孩子或自己的坏习惯，就要从现在开始付出一些代价，如时间、精力和心情。

我的烦恼谁理解

临近期末，复习、考试让高一的学生小惠每天处在没完没了的解题、背诵、复习功课当中，搞得她很紧张。自从上高一以来，她的成绩下降得厉害，而且每天打不起精神，学不进去。这其中的原因只有她自己知道——她对自己的长相很不满意：皮肤黑、眼小、嘴唇厚……这让她总觉得在同学面前抬不起头来，感到很自卑。她也向妈妈发过牢骚，可妈妈轻描淡写地说她“长得还行”，小惠认为妈妈是敷衍搪塞她，并不把她的话当真。同时，她对同学议论某人的长相、甚至某个明星的长相变得很敏感，总觉得是在影射她，每逢这时她就有意躲开。她很羡慕其他女生，觉得她们都比自己好看。平时她尽量和同学保持一定的距离，很少和同学交流，大家觉得她太清高、不太合群、不好相处。总之，由于“长得难看”，小惠不但自卑，还导致人际关系不好，让她苦闷万分。

1. 一叶障目，不完全了解自己。

小惠已经是高中生了，这个时期的学生内心急于想要知道自己是个什么样的人、别人怎么看她，比如自己的外表、举止、体质、气质、性格、能力、兴趣等，这在心理学上叫作“自我察觉”，是认识自我的必由之路。但是由于他们的心理还不够成熟，经历和阅历有限，加之广告、电视各路媒体中如同“蝗灾”出现的帅男靓女对他们的感官刺激，人的外貌、身材成了他们喜欢和接受一个人的重要标准。同样，他们也把这种标准带到了自己的生活和学习环境中，作为自我评价的一个指标，因为他们觉得这些决定着自己在同龄人（特别是异性的同龄人）中的威信和印象，容不得半点差错。一般来说，他们会从两个渠道获得信息，一是自己对自己的评价，二是从他人（主要是同学、老师）处获得对自己的看法。但无论从哪个渠道，都不可能完全了解、认识自己。一位著名心理学家曾说过，了解认识自己是一个人一生的事情。更何况是一个高中生呢？

在上面的事例中，小惠对自己的认识是“长得不好看”，还从同学的议论中感觉到“大家也认为自己长得不好看”，于是“长得不好看”成了她挥之不去的心结，整天为这件事伤脑筋，陷入了难以自拔的境地，而小惠对自己其他方面的认识似乎无法顾及了。在青少年群体中，类似小惠这种情况的大有人在，他们由于对自己片面的认识以及不成熟的心理，往往不能接受自己的现实，自我贬低，自我否定，表现出自信水平低、情绪不佳、行为上退缩和逃避等状态。高中生一旦被一片树叶遮住了双眼，就不会也不可能全面客观地认识和了解自己。

2. 放大缺陷，不能接受自己。

如果小惠对自己“长得不好看”并不太在意的话，也许不会造成她现在如此低迷的状态。恰恰是因为她太在意自己的长相了，觉得自己是个“丑八怪”，才造成了她如今的大烦恼，所以小惠在对自己相貌认识方面存在一个巨大的弊端，那就是放大了自己长相的“缺陷”。不仅是小惠，几乎所有的学生都存在对自己不认可或不能接受的事情有放大或夸大的倾向，这就是心理不成熟的表现。就如同很多人都有过的经历一样，当你越想把一件事情做好反而越做不好，当你遇到一件事情越告诉自己不能紧张就越紧张一样，所谓“欲速则不达”就是此意。比如，有的同学过分在意青春痘，整天照镜子，越照越没有信心；还有的同学习惯把广告、电视里的靓女帅哥作为自己的对比标准。可想而知，结果是越比越没信心，越比越自卑，更加不能接受自己。

3. 以偏概全，全盘否定自己。

小惠不仅对自己的长相极为不满意，连带着学习成绩也下滑了，她抱怨父母生了她这么一个“丑八怪”，恨自己不争气，认为“自己完了”，这是她不能接受的现实。“你好，他好，我不好，我什么都不好”，这样负面的潜台词造成了她内心强烈的自卑感，以至于陷在痛苦的情绪中不能自拔，严重影响了她的学习、生活和人际关系。这种由一点儿“不好”而泛化为“全不好”的自卑感在青少年当中是极为常见的，他们对自己的全盘否定，恰恰是他们对自己认知偏差、认知不足的不成熟心理造成的。

4. 正确认识自卑。

第一，人人都有自卑感。奥地利心理学家阿德勒认为：每个人都有“自卑”情结，每个人都有先天的生理或心理缺陷，担心自己做得不够好，担心别人不能接纳自己，等等。想想我们自己，不是也有过“自惭形秽”的感觉吗？不是也有过羡慕别人“长得真漂亮”的时候吗？但是我们并没有为此而焦虑、羞怯和不安，而是成功地接纳了自己，包括自己的不足。所以，我们大可不必因为某一天自己感到力不从心、感到自己在某一方面不如别人而变得忧心忡忡、焦虑不安，其实这只是正常的自卑心理在作祟。

第二，自卑并非一文不值。自卑并非总是给我们带来消极和不好的结果，适当的“自卑”可以促使我们不断努力、不断进步、不断向上。历史上那些貌不惊人、遭受过身心双重打击，甚至身体有生理缺陷的人，其成就功盖过世的例子太多了——拿破仑、霍金、张海迪，还有巨兴茂，一个龇牙、没有下巴、相貌丑陋、身材矮小、皮肤黝黑的“丑演员”。但他演得好、导得好，在他的领域不也是成功的吗？

第三，不要过度自卑。小惠的例子就是过度自卑的后果，自卑阻碍了正常的生活、学习和工作，导致我们不敢迈步、停滞不前。

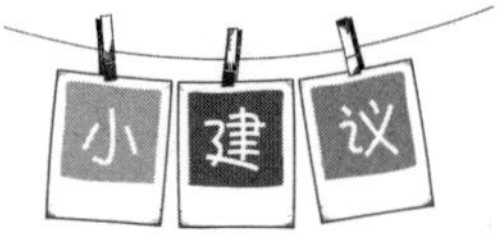

1. 调整认知，更加全面地认识自己。

从上面的分析中可知，许多自卑来源于自我认识的不全面、有偏差，而放大自己的缺陷、以偏概全、自信心不足又使自卑感加重，这在青少年学生当中最为常见，所以帮助他们调整认知是关键。

作为家长，首先要认识到孩子已经长大，应该用对待成人的方式帮助他们，一旦孩子向你提出他的困惑或烦恼时，千万要认真听、认真回应，切不可像案例中小惠妈妈那样随意地应付，更不能用轻视的态度和语言，你要知道这时孩子是在向你求助。

其次，引导和帮助孩子找出自身的全面优势、优点，发现自己的兴趣、爱好、能力、特点等，绝对不能仅仅局限于学习或相貌。这样做的目的是让孩子看到自己有多么可爱、多么好，增加他们的自信心。

最后——也是最重要的，引导孩子拿自己和自己比，这样才能更有自信。那些自卑感强烈的孩子往往是拿自己的缺陷、不足和别人的优势、优点进行比较，如小惠就是用“自己不好看”的相貌和长得好看的同学比，这样比较的结果可想而知。让孩子理解每个人都有自己的缺点和优点，“金无足赤，人无完人”，不要想着把自己弄得一点缺点和毛病都没有，这样反而“不像一个人”，坦然接受自己的优点，但也不忌讳自己的缺点。

自卑往往是由孩子消极地认为“自己不好”而引发的，其中有所谓“不可告人”的隐私，他们更多的是把自己的不良情绪压在心里，家长很难发现他们的不良情绪。所以，家长要多和孩子进行交流，及时了解、发现他们的困惑或烦恼，帮助他们释放负面情绪，给孩子精神上和心理上的关注、关爱。

2. 发现自己的优势，利用补偿心理，帮助孩子克服自卑。

所谓“补偿”，是以某方面的成就或优势来弥补自己的缺陷或弱点。生理上的补偿现象，常见的有盲人尤明、聋人尤聪。其实，人还有心理上、才能上的补偿能力，如勤能补拙、扬长补短等都是心理上、才能上的补偿作用。自卑的人寻找心理补偿的愿望非常强烈，然而由于陷入了消极的自我评价中，很难发现自己的优势或优点。

因此家长应该做的是：第一，帮助孩子发现自己的长处或优势；第二，引导孩子认识“这边不行那边行”对自信心的支持作用；第三，鼓励孩子去行动，去实践。事实证明，这种补偿对克服自卑心理大有裨益。但家长需要注意的是，不要觉得孩子的优势不在学习方面就不算作优势，只要能够让孩子体验到“我能行”，无论哪一方面都是最好的心理补偿。所以，人的某些缺陷和不足，不是绝对不能改变的，而要看自己愿不愿意改变。只要找到正确的补偿目标，就能克服自身的缺陷或者从另一方面得到补偿。

3. 获取成功体验，增强自信心。

帮助孩子积累成功经验、获得成功体验，是增强自信心，克服自卑的一种方法。家长可以根据孩子的实际情况交代给孩子一些难度不大的任务，给孩子一个成功的机会。如果他做得好，家长一定要由衷地予以表扬，这样会让孩子觉得自己有价值，获得成就感。通过多次成功经验的积累，可以使孩子的自信心得以增强，从而激发孩子的进取精神，逐渐消除自卑感。

我的情绪我做主

小故事

初二的于莉近来心里很烦乱，先是课业比以前重多了，作业多得写不完。马上就要期中考试了，还有好多知识不扎实，她很着急，埋怨自己怎么这么笨。本来可以和同桌一块写作业的，可是前几天她和同桌王希虹闹了点儿小别扭，起因只是自己一时疏忽没有把作业给她抄，又没有跟她做解释，王希虹就不理她了，几天来两个人谁也不主动说话，就这么别扭着。还有家里的事情让她更烦，每天进门听着妈妈不停地唠叨说过千百遍的话，觉得是听坏了的MP3在循环往复地播放着同一句话，烦不胜烦，心想“如果真是MP3，我就把它砸了”。还有让她更生气的是，今天因为课上没有回答出数学老师的问题，被老师当众说了几句，虽然话不太重，但还是感觉“自己的脸丢大了”，同学们一定都在嘲笑她！怎么办呢？她想喊、想叫、想摔门、想和王希虹谈一谈把矛盾化解开、想冲妈妈发火……想来想去，她没有一样能做，按照她以往的性格，只好把烦恼压在心里，把怒气咽在肚子里，感觉真是难受，胃口也不好了。

小分析

1. 气从何来。

在心理学上，高兴、愉悦、生气、愤怒、烦恼、悲伤、恐惧、焦虑等都被叫作“情绪”，并且情绪还有积极情绪和消极情绪之分。在上面的案例中，于莉的烦恼、生气都是消极情绪的表现。若问“气从何来”，许多人认为当然是因为遇到了让自己生气的某个人或某件事，不是吗？案例中的于莉，作业多还不会做，和同桌闹矛盾，又听到了妈妈的唠叨，更遭到了老师的批评，件件都是让她生气、烦恼的事。看起来，我们不能埋怨于莉，换任何人都会生气的。然而老百姓当中有句话，叫作“自己找气生”；还有文人说“世上本无事，庸人自扰之”。这些话该怎么理解呢？

有心理学家对此做了研究并提出了一个理论，一个人的消极情绪和相应行为的产生不是由于事情本身引发的，而是由于当事人对这件事情的认识和看法而导致的。比如，同样是被老师批评，于莉觉得“自己的脸丢大了”，因此而痛苦、烦恼；而另外一个人会觉得“老师说的话也不太重，说话的态度也能让人接受，他爱说就让他说吧，无所谓的”。如果当事人有这样的想法和认识，又怎么会生气和烦恼呢？显然，两种认知会产生两种结果。如果能够认可这个理论，在现实生活中改变一些对事情和人的看法，可能会让我们能够尽量少地受到消极情绪的影响。

2. 叛逆期孩子的“脸”变得快。

随着孩子慢慢长大，很多家长感觉越来越摸不透孩子的脾气秉性了，“不知道在想什么，说什么也不听”“以前挺好的一个孩子，现在说翻脸就翻脸”……话里话外充满了家长的迷茫与无奈。孩子长大了，不再像小时候依赖、依恋父母了，甚至有的时候对父母的呵护与关心也变得不耐烦，还时不时顶撞父母，致使父母有一些失落感。孩子长大了，进入了叛逆期，他们确实和以前不一样了，只是父母不了解这一时期孩子的心理特点和情绪上的变化，才会如此迷茫。

这一时期的孩子有了独立意识和成人意识，在心理上觉得自己是个大人了，事事要表现得有自己的“主见”。但由于他们心理上还不成熟，经历和阅历有限，看问题时容易出现偏差，从而出现认识上的片面、偏激、固执和极端化。把大人们的教育、指点、提醒、督促等看成是“和自己过不去”，是“对自己自尊心的伤害”，于是采取回避、反感、顶撞等做法，和大人们“对着干”。就像案例中的于莉，对妈妈的唠叨烦不胜烦，这就是逆反期的表现。

这个时期，孩子的情绪表现出一些特点，一是情绪波动性仍然较大。就像家长们形容的一样，孩子的“脸”变得太快，本来还在因为某件事生气烦恼，因为得到一些小小的满足就变得喜笑颜开、手舞足蹈。他们可能今天开心快乐，明天就会垂头丧气，情绪具有很大的波动性和两极性。二是情绪容易冲动与爆发，不能适当表达情绪。他们不善于很好地控制和调节自己的情绪，因此很容易兴奋、激动、紧张，经常表露出不满情绪或极端情绪。像有的孩子一言不合就拳脚相加，一点儿刺激就痛哭流泪，一点儿挫折就焦虑不安，一见到偶像就疯狂尖叫……三是情绪有了一定的隐蔽性。初中生不再像小学生那样情绪具有明显的外露特征、喜形于色、内心体验和外部表情动作较为一致，比起小学生，初中生的心理已经逐渐成熟起来，在情绪上的外露性减少、隐蔽性增加，致使家长们“不知道他在想什么”，像案例中于莉那样把自己的烦恼压在心里，怒气咽在肚里，较少在外部表现出来。

3. 情绪需要适当表达。

首先，情绪需要表达。我们成年人都有这样的经验，当我们心情不好时，会通过各种方法把不好的情绪宣泄出来，以达到心情舒畅的目的；也会把好的事情和大家分享，共同享受、体验美好的心情。但孩子由于自我的封闭性和认知的片面性，往往把自己的情绪隐蔽起来或压抑下来，这样会让负面情绪越积越多，没有出口，长久积压下来会给自己带来生理的不适。比如于莉，她已经觉得胃口难受了。一旦爆发将会是最强烈的，后果不堪设想。

其次，情绪需要适当地表达。有的孩子表达情绪不当或过激，往往还没有弄清楚自己的感觉就急于表达，比如乱发脾气、拳头相向、一味指责对方、出言不逊等。错误的情绪表达方式常常使同学、朋友、师生、亲子关系变得更为紧张，相互之间充满防御，自身的情绪也可能会陷入更加糟糕的境地。

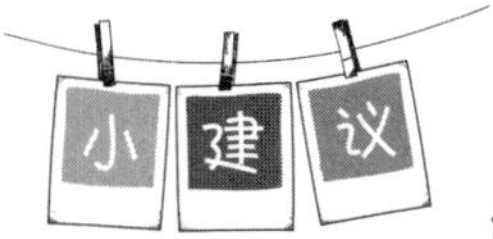

1. 为了孩子，家长要有控制、调整情绪的能力。

首先，情绪具有易感性，会让在家中的孩子不断经受各种情绪的“考验”。我们能够发现，在家里如果家长有生气或愤怒的情绪，孩子也会随之生气或愤怒；如果家长有高兴的情绪，孩子也会有喜悦的表情。所以，孩子是最能观察和感受父母情绪的人。如果家长的负面情绪很多，遇事经常发牢骚、发脾气、出言不逊，那么全家人都可能陷入不良的情绪之中。

其次，孩子在潜移默化中学到了家长表达情绪的方法。很多例子告诉我们，孩子表达情绪的方法是从家长那里学习来的：一个经常暴怒的孩子从父亲那里学到了用拳头解决问题，一个胆小的孩子从家长那里学到了压抑自己的情绪，一个遇事爱焦虑的孩子身边一定有焦虑的父母。这些例子警示家长，自己的情绪以及表达情绪的方法对孩子的影响极大，如果想给孩子营造良好的成长环境，良好的情绪环境或精神环境是必须要重视的。为了自己的孩子，家长需要控制、调整自己的不良情绪，在孩子面前努力做一个有理智的家长。

2. 观察孩子的行为，倾听孩子的心声，了解孩子的情绪。

一直以来，家长关心孩子的内容除生活之外就是学习。虽然孩子已经慢慢长大，他们正在探寻精神层面上的满足，正在追求独立，努力摆脱家长对他们的“束缚”。然而，家长并未意识到孩子需求的变化，关心的内容并没有多少改变，仍然是以生活、学习为主，对于孩子的精神需求，包括情绪状态关注甚少，更谈不上了解。家长应该认识到，孩子已经长大了，再习惯性地用从前的方式方法对待孩子已经“不灵了”，除生活和学习外，满足孩子的内心需求很重要，这就是包括情绪在内的心理、精神层面的需求。

了解孩子的情绪状态，知道孩子的烦恼所在，一个办法是观察，通过细心地观察可以发现孩子行为的正常与异常，从而判断出孩子在学校的基本表现；另一个办法是听，但这个“听”不是小时候那种敷衍地听，而是要像和成人交流那样专注、认真、细心、尊重地听，即“倾听”。这样“听”，孩子能获得尊重感，能把家长当作可以交心的朋友，说出他内心的困惑与烦恼等，家长才可能了解孩子的情绪。

3. 和孩子交流学习调整情绪的方法，与孩子共同成长。

不可否认，成年人也有情绪状态不好需要进行调整的时候，在调整方法上也需要进一步学习和改进。和孩子一起通过交流学习，共同体验和感受心情，探索适合的方法，无论对家长还是孩子都大有裨益。调整情绪的方法有很多，如合理宣泄法。不良情绪需要宣泄，只要不伤害自己和他人，行为不过激，一般来讲都可以视为合理宣泄方式。如倾诉——一吐为快；哭——排出毒素，调整机体平衡；运动——释放身体里的能量，消除怒气；还有吃、睡、购物、写日记等，许多方法都可以使不同的人采取不同的宣泄方式平复自己的情绪。

再比如转移目标法，当孩子处于消极的情绪中，家长可以引导孩子转移注意力，如通过玩游戏、听音乐、看电影电视、阅读以及一些户外活动，让他们的不良情绪恢复平静。

还有离开，这也是一种可行的调整方法，当你觉得你的情绪愤怒时，可选择迅速离开刺激环境，这在愤怒情绪管理中十分有效。还有转变认知法，即合理认知法，在前面的叙述中已有提及，此处不再赘述。

总之，情绪与人们相伴一生，人们依赖情绪而生存。每天都有好心情——这是一个美好的愿望，为了这个愿望，我们一定要学习做情绪的主人，为自己的情绪做主！

树自信 + 长本领是成事之基

心软的妈妈，任性的孩子

小故事

晨晨今年已经快6岁了，这个年龄应该是幼儿园中大班的小朋友了，可是晨晨却没有上幼儿园，还在家里和外边疯玩疯跑，每天由妈妈或者姥爷照看。问起孩子为什么不上幼儿园，晨晨妈一肚子苦水：不是不让他去幼儿园，是他死活不去。3岁多时也送他去过幼儿园，可是他死命拽住你不让走，还哭得撕心裂肺，有时甚至感到他都喘不过气了，这样的情况每次去幼儿园时都有发生，后来干脆就不送了。再问起晨晨在家里的表现，妈妈打开了话匣子：“在孩子很小时辞了职在家专门带孩子。一开始孩子小比较好带，但慢慢大了以后感到越来越不听话了。特别是他想要什么、做什么的时候必须顺着他，如果不顺着，他就会哭闹打滚，甚至对大人也拳脚相加，直到满足他的要求为止。还有的时候明明自己玩得好好的，只要有别的大人在旁边，他就会大叫大嚷让人家走，说也不听，弄得我们很不好意思。最近还发现孩子有虐待小动物的情况，他会把小猫或小狗高高地举起来，然后狠狠地摔在地上，还会用脚去踩它们，听着它们的惨叫，感觉晨晨好像很开心。”妈妈不知道为什么从小对孩子的教育没有效果？不知道接下来怎么办才好。

小分析

任性，简单来说就是孩子听凭自己的意愿，采取完全不受约束的行为来满足自己的欲望或达到某种目的。任性的孩子无所顾忌，必须按自己的想法和意愿行事，且不达目的绝不罢休。过分任性是一种不良的个性特点，如果不加注意和改变，就不能使孩子具备适应社会的能力，更何谈做事。

显然，要知道怎么办，首先要了解妈妈平时是怎么做的。接下来，晨晨的妈妈讲述了她对晨晨的教育方法：“其实从小就注意培养孩子的一些好习惯，比如鼓励他自己吃饭、自己洗脸等，还经常给他讲一些故事。1 岁半以前孩子挺听话，当然也打过孩子，不过并不是那种狠打。3 岁以后，孩子变得不听话了，让他做什么的时候他不愿意做，妈妈就慢慢地给他讲道理。但讲道理没用，他还是不听，只好依着他，只要他不再闹。从 2 岁以后妈妈就没有打过他，包括不去幼儿园也只说过他。从小到大，妈妈都是平心静气地和他讲道理，耐心地劝他，不打他，因为有心理专家说建立良好的母子关系很重要，当然也不想让他长大了恨我。”

妈妈说的话似乎有道理，但从妈妈的语气中感到妈妈是一个很理性的人。在整个叙述过程中，给人是一种不温暖的感觉，没有情绪的波动，语气平静而平淡，好像不是在说自己有问题的儿子。孩子任性是大多数家长遇到的问题，也是让家长感到头疼问题。在任性的孩子面前，家长们往往束手无策、一筹莫展。

小建议

孩子的任性是如何形成的？面对任性的孩子家长们要怎样做？

1. 家长要在孩子 6 岁前学会对他说“不”。

孩子之所以任性，最常见的原因是许多家长“心太软”，事事顺着孩子，只要有要求绝对满足，用家长的话说：“听不得孩子的哭闹”“孩子小不懂事”……总之，家长有很多顺着孩子的理由，岂不知这样做其实是在培养孩子任性的性格。孩子在 6 岁前还属于幼儿阶段，这个阶段他们对需要的满足主要以哭闹的方式进行。此时他们还很弱小，离不开父母的养育和陪伴，尤其是他们的自我意识还没有形成，接受规则训练的弹性很大，也就是说能够比较容易地规范他们的任性行为。此时，如果家长们能够在孩子提出不合理的要求时拒绝他，那么孩子以后的任性行为可能会大大减少。

怎样对孩子说“不”呢？不是简单地拒绝了事，而是需要家长的智慧和坚持。比如，带孩子逛商场，发现了和家里玩具基本一样的玩具，孩子非要买，但家长认为没有必要买，于是矛盾出现了。相信开始时大多数家长会好言好语哄着孩子、讲道理，劝说孩子不买，还会给出一些许诺。但这些不管用，孩子已经哭闹着缠着家长一定要买。再接下来可能发生的就是：“没办法，别让他哭了，就依着他吧”——孩子达到目的，高兴了；“就是不给你买”——孩子的哭声越来越大，甚至撒泼打滚，引得周围人驻足观看、觉得孩子可怜；大声呵斥、打骂——周围人觉得你是个不讲情理、心狠的家长；劝说无效——家长自行离开，吓唬一下孩子；劝说无效——强行抱着孩子离开。在上述家长的大多做法中，尽管都对孩子说“不”了，但对处理孩子的任性行为没有任何效果。比较有效的拒绝方法是什么呢？

有专家提出，若想孩子不再任性，要学会对孩子说“不”，针对类似上述的例子，家长可以这样做——首先，家长明确表明这个玩具不能买，然后抱着孩子离开，直接回家；到家后把孩子放在卧室，他可能继续施展哭闹的本领，这时最要紧的是家长不要离开，陪着孩子，家长要做的是不打不骂、不给他讲道理，要一言不发，看着他哭闹；等孩子哭闹累了，家长可表示出适当的关心，如帮他擦一擦脸；然后继续等待，直到孩子停止哭闹，这时家长可拿来相同的玩具，问他为什么还要买，说出你的理由，只要你能说服我，我就给你买。这是鼓励孩子和家长进行沟通和交流，家长进行合理的引导。

在整个过程中，家长的行为和态度其实就告诉孩子：“不管你怎么哭都没有用”。这种说“不”的方式就是以一次事件的处理结果告诉孩子：如果你做得不对，你再闹我也不会让步，我也不会心疼，我对你的爱是有限度的，取决于你自己的表现。经过不断的“训练”，所有的孩子都会从中感知你的反应。只要你坚决，他就明白了，从此之后他不会再如此辛苦地与你哭闹。然后，你再进行疏导性教育，恩威并施，让他知道父母爱他，但父母不迁就他——这种“较量”越早越好。

孩子 3 岁前，如果家长无条件地满足了孩子的要求，到了 6 岁左右的时候，他们就能完全用哭闹的方式控制父母。到了 12 岁左右时，如果他们的要求得不到满足，此时他们就可能会采取极端的方式要挟父母了，到那时想让孩子不任性的难度就很大了。

在晨晨的案例中，由于妈妈教育的软弱、无限度的“爱”，以及妈妈不会说“不”、完全被孩子的哭闹行为控制了，才使得晨晨如此任性。所以，在孩子 6 岁之前，作为家长一定要学会拒绝，学会说“不”。通过耐心的陪伴、温暖的坚持、适当的关爱以及合理的引导，让他们知道自己不合理的要求是不能得到满足的。

2. 坚持进行规则教育。

亲子间良好关系的建立有助于孩子健康发展，有专家就指出，亲子间亲密关系的建立大于教育的作用。然而，在上述案例中，晨晨的妈妈片面地认为良好关系的建立是“对孩子不打不骂、顺从、讲道理，不想孩子长大后恨她”这些观点上的，她几次提到“孩子 1 岁多以后就没有打过他”。然而我们看到，她的劝告、讲道理的软弱教育方式对于 3 岁左右的孩子根本不起作用，因为这时的孩子还无法理解大人的语言，也听不懂道理。同时，孩子从妈妈无原则忍让的教育行为中获得的撒手锏就是“只要不满足我就哭闹”。妈妈无条件、无原则地迁就，其结果是完全被孩子所控制，这样就纵容了孩子任性行为的发展，甚至出现虐待小动物的行为。

同样，在现实中有不少家长也有这样的想法和做法，但这样做的结果证明，孩子越来越任性，家长越来越苦恼。失败的教训告诉我们，对于 6 岁前的孩子，家长有必要给孩子定规则、立规矩，进行规则教育。做到少讲道理，坚持训练，保持耐心，不要用简单粗暴的方式执行规则，而是要用智慧的方法执行规则。客观地说，现在很多家长已经知道从小给孩子立规矩的重要性，为什么还会出现任性的孩子呢？原因很多，其中最重要的原因就是家长虽然立了规矩但没有坚持，没有执行或执行得不好，导致立规则失败，孩子仍是在任性的路上越走越远。晨晨的案例让我们警醒，专家的指导让我们知道如何智慧地进行规则教育。

3. 处理好母子的依恋关系。

在以上案例中我们会发现，晨晨所有的行为都指向妈妈或者姥爷，都是陪伴在他身边最亲近的人。同时还会发现，晨晨的任性行为控制了妈妈，而妈妈对孩子的行为并未表现出很大的焦虑（妈妈在叙述的时候，语气平静且平淡，不像在说自己家的孩子）。这里涉及了家长与孩子的关系问题。我们说，孩子在婴幼儿时期与妈妈是一种共生关系，彼此间互相依恋，孩子从妈妈那里获得温饱、安全和愉悦，母子不可分离。但当孩子逐渐长大，如果母子仍纠缠在一起，就会带来问题。

如案例中，晨晨已经 6 岁了，仍在不断用哭闹的方式来满足自己的一切欲望，而且一旦妈妈不在身边就有很强的不安全感。他在心理发展上仍处在婴儿期，即不满足时只会用哭闹一种方式来表达。而妈妈在心理上也离不开孩子，导致在教育行为上不懂也不会用规则约束孩子，因为妈妈担心一旦限制了孩子的行为，“孩子会恨她”。所以，随着孩子长大，要慢慢解除这种母子的依恋关系，尽量让孩子多接触人、接触社会。从社会上学习规则、控制行为，这也是减少任性行为的一种方法。

我要大声说出来

小故事

李斌是四年级的学生，虽然成绩一直不错，但在班里仍是个特殊人物。他的动作很少，经常坐在座位上一动不动；话也很少，除了被老师点名要求回答问题外，平时很少与同学交谈。有时要说什么，人未开口脸就先红了，而且声音小得像蚊子叫。为此，班里有些同学看不起他。有一次语文课上，老师请他朗诵诗词，他用细细小小的声音念，令全班同学哄堂大笑，他只好涨红着脸不声不响地坐下来。在班里，因为经常不吭声而被忽视，老师和同学对他常有“多他一个不多，少他一个不少”的感觉。他也因为自己在班里没有地位而自卑，越自卑就越不敢开口，越不开口自卑感就越重。其实李斌在以前不是这样的，至少比现在要好，上课无论念课文还是回答问题，声音还能让大家听见。只是有几次他在回答问题时出了错被老师批评了，慢慢地大家发现他就变成现在这样了。

班主任通过和家长的接触了解到，李斌从小性格比较内向，但是在家里还能和家人、亲戚正常交流，只是和不熟悉的人很少交流。家里的人都不太爱说话，在这种家庭环境中，他养成了“不想说话”的习惯。班主任又和心理老师进行了沟通，通过心理老师的初步分析判断，李斌表现出的是一种退缩的行为。这种行为在许多小学生中存在，只不过李斌的表现更明显一些。

小分析

家长需要了解“儿童退缩行为”。“儿童退缩行为”是指儿童因为胆小、害怕、孤独、退缩等，不愿意与其他儿童或同学交往，常常愿意独处，但没有其他心理异常的行为，是儿童发育过程中常见的行为问题。一般的退缩行为不会对孩子造成影响，但如果任其发展下去变得严重，会对孩子今后的学习、生活以至于事业带来影响。

退缩行为的表现比较隐秘，不太容易察觉，因为在熟悉的环境和人群中，孩子的表现是正常的，如在家里他们温顺听话、有礼貌，与父母家人可以有说有笑。但在陌生的环境中则表现不同，他们会沉默寡言，不能主动与同伴交往，不愿进入陌生的环境并表现出害怕、孤独、胆怯等行为特点，社交能力差。因此，他们平时不愿意去陌生的地方，甚至不愿跟父母逛公园、看电影、走亲戚，宁可在家玩儿也不和同学在一起。

李斌为什么会有如此明显的退缩行为呢?

1. 李斌气质的原因。

像李斌这样的孩子，从小适应能力较弱，对陌生环境和陌生人感到拘谨、畏惧，如果勉强让他们去适应，会显得困难而且缓慢。不爱活动，对新事物缺乏兴趣，天生就比较内向、腼腆，家长又很少让他们到外面与其他同学、朋友在一起玩儿，就更容易产生社交回避的行为。像李斌这样，沉默寡言，不爱活动，极少和同学交往，回答问题“声音小得像蚊子”，就是由于气质羞怯造成的。

2. 内外环境的进一步影响。

在李斌的家里，大人们“都不太爱讲话”，处在这种环境下，他养成了“不想说话”的习惯。在学校里，由于同学和老师都觉得“多他一个不多，少他一个不少”，他被大家忽视，更缺乏说话、交流的勇气。而且像李斌这样的孩子，胆小、孤独、胆怯是他们的行为特点，适应学校环境的能力较差，一旦环境“不好”，他们就会更加“保护”自己，把自己更加严密地封闭起来，加重了退缩行为。

3. 挫折让他产生了严重的自卑感。

虽然李斌的学习成绩还不错，但与他遭受到的挫折相比，可以说是“小巫见大巫”，没有比“同学们哄堂大笑”更让他感到耻辱的了。而平时，同学们所表现出来对他轻蔑和轻视的态度和行为，也让他的自尊心受到了不小的打击，久而久之自卑感越发严重，退缩行为也更加严重，形成了恶性循环。

4. 家长的责任。

有研究表明，退缩行为多发生在独生子女身上，这与父母过分迁就、照顾和保护有着密切的关系。受到过分溺爱和保护的孩子，一旦进入学校就会感到一切不如家中如意。这时，孩子往往因难以适应新环境而采取回避的方式，比如不愿与同学说话、打招呼，遇到不顺心的事就不和其他同学玩等。另外，有的家长常以吓唬的方式不许孩子外出，对孩子的乖巧听话等“优点”大加赞赏，久而久之，孩子对父母形成了过分的依赖性格，也助长了孩子面对陌生环境的恐惧、不安和逃避的心理及行为。

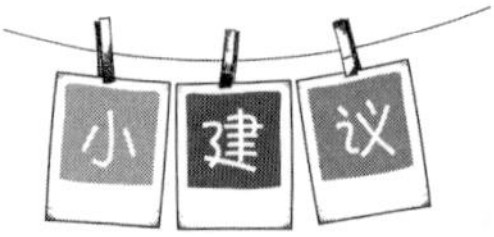

1. 不要溺爱。

家长溺爱孩子是现在大多数家庭的通病。家长应该认识到，这种溺爱对孩子无论是性格的形成、各种能力的提升，还是自我服务意识及行为的改变，都会造成危害，所以家长“有分寸”的爱，才是对孩子的真爱。

2. 营造和改善家庭环境。

建议家长营造乐于交流的气氛，在家庭中一起谈论耳闻目睹、感兴趣的话题，每天坚持一段时间，慢慢形成习惯。

3. 多创造社交的机会。

比如，让孩子去购物、去问路，鼓励和支持孩子多和同学一起参加活动，多去公共场所，帮助孩子克服孤独感等。

4. 及时鼓励。

对孩子在社交中出现的合群行为，家长给予奖励或鼓励，增强他的自信心，克服退缩行为。绝大多数有退缩行为的孩子，经过家长有意识的引导，都可以成为性格开朗的人。

5. 进行心理训练。

对于像李斌这样退缩行为比较明显的孩子，可以求助心理咨询师或专门的心理治疗机构，通过心理行为训练来减轻和减少退缩行为。

一团糟的背后

小故事

“凡事预则立，不预则废”，这一古训的意思是说，要想成就任何一件事，必须要有明确的目标、认真的准备和周密的安排。没有准备的盲目行动，只能是忙忙碌碌却一事无成。

据报道，2019 年高考第一天，一位天津考生走错了考场，本来应该是杨柳青三中的考场，他却去到了红桥区三中的考场，两个考场相距十几千米。且不论时间上能否来得及赶上考试，仅走错考场一事就是“不预则废”的典型事例。用老百姓的话说：早干什么去了？

高二的小王同学，早就厌烦了家长没完没了的唠叨，不去学校时就把自己关在卧室里，还不允许父母进入。放寒假时，父母为了不干扰他的学习，也就自觉地不进去。开学后，妈妈进到了儿子的房间，看到房间的景象妈妈无语了，气得直摇头。衣服被胡乱地丢在各个地方，书本乱七八糟地摊在床上、桌子和椅子上，各种包装袋、垃圾散扔在地上，整个房间“脏乱差”，没有办法，妈妈只好替他整理房间。

临近期末复习考试，九年级的小李面对摊在桌子上的一堆各科教材、笔记、复习资料，不知道先做哪一科好。数学没解几道题就做不下去了；感觉物理、语文还差很多，拿起物理看了没几页又觉得还是得再解几道数学题……想到没几天就要考试，她心烦意乱、头晕脑涨，整个人显得非常焦虑，就连睡觉都成了问题，以至于整日提不起精神，严重影响了复习效果。

小分析

在现实生活和工作中，有些人把“没有计划，走到哪儿算哪儿”当作“顺其自然”；一些年轻人觉得“来一场说走就走的旅行”潇洒无比，实际上遇到麻烦束手无策的情况比比皆是；还有那些探险的“驴友”，给社会和家庭带来的麻烦和“悲剧”都在提醒我们——“不预则废”；更有我们经常听到一些人被埋怨“没有时间观念”“什么事总是拖到最后才完成”。

以上的事例都反映出很多人做事基本没有计划、没有准备、没有预案，暴露出他们没有意识到计划的重要性，更说明他们缺少计划、规划的习惯。高考生自不必说，犯下如此低级的错误，成为奇葩；小王生活无序没有目标；小李复习功课没有计划。众多的人“没有时间观念”，其结果是“一团糟”，做事难成，做人失信。

制订计划就像建一座桥，是连接目标与目标之间的桥梁，也是联结目标和行动的桥梁。没有计划，实现目标往往可能是一句空话。计划对于人生来说相当重要，如果你在计划上失败了，那你注定会在执行上失败。没有计划的人生杂乱无章，看似忙碌却是空缺的。而有了计划，则会让你的行动更从容，生活更有序，目标更容易达到，也会让你不再被人指责而失信于人。也可能有人会说“计划赶不上变化，制订计划有何用”，这其实是在为自己找借口，许多事实表明，善于计划的人做事的有序性和成功率要远远高于那些做事没有计划的。

怎样养成做事有计划的习惯呢？

1. 信任孩子，指导、鼓励孩子为自己的成功制订计划。

家长和孩子共同从制订小计划开始，比如和同学约会的时间安排、全家外出吃饭的安排、在家里的时间安排、休息日和节假日的时间安排、家庭近期的短途旅游小计划等。为了让孩子保持制订计划的兴趣，开始时一些小计划只听孩子说一说就可以，如外出吃饭的计划、家庭购物的计划等。这些小计划既容易做又不难执行，能使孩子在这个过程中感受到被家长重视、认可的满足感。如果坚持做下去，孩子慢慢地就会形成凡事有计划的意识，并逐渐养成习惯。在这里，家长主要的责任是监督孩子执行计划。

根据孩子的情况鼓励他们自己制订与学习有关的计划。学生的主要任务是学习，制订学习计划是有效学习的前提。学习计划可有章节学习计划、单科学习计划、分解学习计划、单科复习计划、重难点复习计划、期末复习计划等。可以根据自己的实际情况制订相关的短期学习计划，如一天、一星期或长期的学习计划等。在制订学习计划时，家长应该跟进指导，和孩子讨论所制订的学习计划是否符合孩子的实际学习状况、是否可行、是否张弛有度、可否检测学习目标达成度等。同时，家长还需要提醒、指导孩子及时总结回顾和调整学习计划。除此之外，在其他方面也可以锻炼孩子做事的计划性。小到待人接物的计划，中到寒暑假的旅游计划，大到人生规划等。

2. 家长和孩子共同坚持，促成孩子养成善于制订计划的习惯。

任何习惯的养成都需要有时间上的保证，有一个最为普遍的说法：人在 21 天内可以形成一种新的习惯倾向，并且在 90 天左右固定为一个新的习惯。当然，每个人是不一样的，存在着个体差异。但是，一段时间的重复与坚持的确可以养成新的行为习惯。家长要做的就是要有耐心和恒心，和孩子一起坚持。如果能够坚持一段时间，家长可能会欣喜地发现，每当孩子要做某件事情时，他会自动地思考怎么做这件事、怎么做好这件事。这时，我们可以说孩子有了初步“预”的意识和习惯。

3. 家长需要起到督促和鼓励的作用。

孩子毕竟是孩子，他们的坚持性、主动性和自律性还较差，需要家长的督促。每当孩子要做什么事情时，家长可以问“这件事你是怎么安排的？”“这件事你打算怎么做？”这样时时提醒孩子凡事先做好计划和安排；家长还可以用反例警醒孩子不计划的后果，唤起他们对后果的恐惧和重视，以更加主动地做好计划和安排。除此之外，鼓励也是重要的，鼓励可以让孩子持有成就感和自信心，对孩子自觉主动地制订计划大有裨益。

4. 家长还应做好孩子执行计划的支持者。

尽管上面所谈的主要是如何做好计划和养成好习惯，但在现实中执行计划更难。难在计划的制订是否合适，执行计划的孩子所具备的知识、能力、经验、人际关系、心理素质是否能将计划执行下去，还有不可预知的外部因素以及客观环境等诸多方面，都会给执行计划的过程带来影响或干扰。此时，家长的支持与鼓励显得格外重要。家长支持应该包括心理安慰和支持、分析困难和问题、调整完善计划、改进执行措施、做好后勤保障、创造良好环境、给予必要的物质支持等。

总之，按照古训“凡事预则立，不预则废”做事，可以避免到最后说一些类似“怎么我之前没有想到呢”“早干什么去了”这样的话。

迷茫的我

小故事

我叫王牧唯，是高中一年级的学生。我就读的中学是一所重点高中，据学校领导讲，这所学校每年的升学率能达到90%左右，我想，以我的学习成绩将来考上大学应该是不成问题的。但现在我很迷茫，还觉得有一点儿焦虑的情绪。起因是前几天我们班上了一节心理课，课程的题目是“你的人生规划好了吗？”心理老师提了很多问题让我们思考，比如：你了解你的兴趣爱好和能力特长吗？你喜欢什么样的职业？你对你所喜欢职业的特点了解吗？你觉得你将来能做什么工作？你的兴趣特长能帮你找到满意的工作吗？……老实说，这些问题我自己从来没有想过，所以一节课下来看到自己涂抹得乱七八糟的答题纸，我感到了一丝的担忧。是啊，早晚要走进社会，参加工作，我想干什么、能干什么——不知道！怎么想也想不明白！回家和父母聊起了这堂课，想从他们那里得到一些指点，可妈妈说：“这是你今后的大事，一定要有自己的主见，你想做什么都可以，但一定得是你愿意干的工作。”爸爸说：“出大力钱少的咱可不干。”父母的话让我更加迷茫了。

小分析

1. 不适应大学生活。

许多大学生入学后，长时间不适应大学生活，表现出懒散、情绪低落、学习动力不足、学习状态差，甚至还有打算退学的学生。据媒体报道，每年有30%至70%的学生对自己所选专业表示后悔。有数据表明，大约有52%的人表示“如果上天再给我一次机会，我会选择另一个专业”。一些大学的心理老师则表示，开学后来咨询的学生中，大多数人的问题就是所学专业不是自己喜欢的专业而产生苦闷情绪。所以，许多高中生在迈入大学校园后，顿感失去人生目标和人生定位，并由此诱发出一系列的心理行为问题。现实和数据让我们知道，如果所学非我所愿，是多么痛苦和无奈。之所以频繁出现这种现象，还是由于在中学阶段学生对自己的人生目标没有过规划或设想，或者说学校教育缺少了对学生进行生涯教育这一课。

2. 不知己，难以确定人生目标。

王牧唯的迷茫源于她对自己的未来从未做过思考，自己想干什么、能干什么、擅长干什么？自己的性格怎么样？适合什么职业？适合自己的是否是自己喜欢的？总之，许许多多的问题没有想过，10 多年来除了上课考试就是考试上课，关于自己的人生压根就没有规划。况且无论是学校还是家长，也从未有过这方面的引导和指导。当心理课老师把问题摆在面前时，她意识到这些问题对自己的挑战，想到时至今日竟然对自己的发展没有过任何思考，不禁感到焦虑与迷茫。与王牧唯一样，现在很多高中生对未来基本没有打算。在他们心中，未来还很遥远，现在最要紧的是应付学习考试，至于考大学、报志愿，那就“到时候再说”。所以，不知己，难以确定人生目标；不知己，即便上了大学，也会有很多苦恼。

3. 不知彼，无法选择人生目标。

如果说王牧唯对自己的未来没有设想，那么她对大学的专业设置、专业与职业的分类、专业与相关职业的对接信息等不甚了解。同样，对社会上各种职业的性质特点、工作前景、所需能力、从业要求等更是一无所知。不止她一个人，几乎所有学生对这方面的了解都极度贫乏，这是公认的事实。由于不知彼，或无法选择自己的目标，或陷于选择的困境。

4. 生涯教育薄弱。

毋庸讳言，学校是承担生涯教育的主力军，但不可否认，家长也有帮助、指导孩子规划自己一生的责任和义务。其实，很多父母在孩子未出生时就开始“规划”他们将来的生活，但这种“规划”的期限是从出生直到高考结束。这种“规划”只关心一个目标——升学，本质上是孩子的“升学规划”。这一期间，家长们关注的是孩子的知识学得怎么样？是否能上好小学、好初中、好高中以及考上好大学，而对孩子更长远的人生选择则很少考虑，或根本没有考虑过，更很少注意在生活中给予孩子必要的帮助与指导。王牧唯的父母没有意识到孩子已经遇到了选择专业的危机，面对孩子的求助，他们的做法是当前很多家庭在生涯教育上的一个缩影。可以说，家长缺少帮助孩子规划未来的意识，更没有考虑在职业及人生目标的选择上为孩子做些什么。

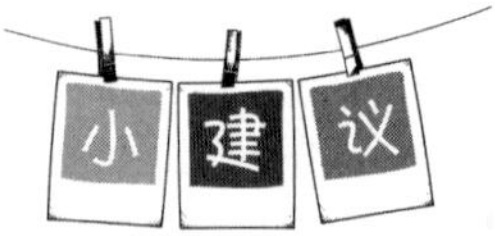

1. 家长尽可能多地了解孩子。

父母是孩子的第一任老师，应该是最了解孩子的性格、兴趣、特长以及能力的人。然而，现在普遍存在的问题是，父母更多地关心孩子的饮食、起居和学习成绩，而很少关注或了解孩子的兴趣爱好、性格、能力，更难做到关注孩子未来职业或专业的选择与发展。鉴于此，家长首先要转变观念，把孩子的现状与未来的职业生涯联系起来，有意识地多了解与将来职业或专业相关性较强的因素，诸如孩子的性格、能力等，以便能在孩子选择专业或职业时为孩子提供有力的分析与建议。

2. 为孩子提供支持性的信息与环境。

家长需要为孩子提供一个可以讨论和探索人生选择的支持性环境。首先，家长对社会职业有着直接的体验和感悟，可以主动与孩子分析自己所从事或自己了解的职业相关情况。其次，针对孩子感兴趣的大方向搜集并提供更多的职业或专业的信息，帮助孩子了解心仪职业的特点以及对从业者的要求等，以便在进行职业或专业选择时，尽可能减少盲目性、提高目的性、增强方向感。

3. 鼓励和支持孩子接触社会。

通过让孩子接触各种社会职业和各种社会人，让他们开阔眼界，了解社会和各种职业。如果家长再有意识地结合孩子的具体情况进行职业分析与引导，帮助孩子了解职业世界，久而久之孩子的心里会形成职业意识，每当认识或接触一种职业时会产生自动的职业反应，这对将来职业的选择大有裨益。当然，这种实践开始得越早越好。

PART 2

学有所得
——指导孩子学会学习

“面向21世纪教育委员会”曾在其研究报告《教育——财富蕴藏其中》中提出了“学会认知”的概念，并把“学会认知”列入教育的四大支柱之首。这充分说明了教育孩子学会认知，学会学习，帮助孩子掌握有效学习的重要性。学会认知就是学会学习本身，即学会掌握认知的工具，掌握终身不断学习的工具。因此，如何引领孩子有效学习是教师和家长的共同责任，由于儿童的身心发展迟速不一、个性兴趣千差万别，家长要因材施教，进行有利于孩子的身心健康、个性发展和自主学习能力的培养。

树目标＋知勤奋是好学之源

就要上学啦

小米在幼儿园里是一个乖孩子，听老师的话，也从不调皮捣蛋，所以三年的幼儿园生活几乎没有让妈妈操心过。但是转眼7岁的小米要上小学了，她的内心有一些惶恐，小米害怕小学的生活不再像幼儿园那样好玩。

坐在教室里，小米望着周围的小朋友，没有一个熟悉的脸庞，小朋友们三五成群、嬉戏打闹，自己却形单影只，根本融入不到他们当中去，小米感到很孤独。上课时，小米心里想着：老师怎么这么严肃，她怎么说得这么快，我听不懂啊。在幼儿园里，老师都领着我们做游戏，可开心了，但上了小学，大家都老老实实地坐在座位上，不敢乱动。这时，老师说："小米，你在发什么呆，站起来，回答一下这个问题。"小米一惊，慌张地站了起来："这个……这个……"小米因为不会回答小脸瞬间涨红了。老师板着脸让她坐下去，说道："小米，上课要认真听讲啊，不要走神。"这样连着过了好几天，小米还是一个朋友都没有交到，每次打水和上洗手间都是自己一个人，由于害羞，她也不敢主动和周围的小朋友交流，没事就在座位上闷闷不乐地发呆。

果然刚上一年级才几天，小米回家就和妈妈哭诉说："妈妈，我不想上学，上学不好玩！"妈妈问小米为什么，小米说："因为学校里既没有好玩的玩具，也没有熟悉的同伴，大部分时间都得坐在座位上听老师上课。老师上课也不像幼儿园老师那样好玩、可爱。上课我听不太懂，感觉一点儿也不好。”

听了小米的话，妈妈没有生气，而是耐心地告诉小米说：“上学的小朋友是去学校学本领的，因为你们已经长大了，要学比幼儿园更厉害的本领，只有学会了本领，以后才能够做自己想做的事情。”听了妈妈的话，小米扑闪着大眼睛说：“妈妈，可是上学太辛苦了，要坐在位置上这么长时间，太难受了。”妈妈笑眯眯地对小米说：“小米是到学校去‘上班’，就像妈妈平时也要上班一样，只有你能够坚持学本领，坚持得比幼儿园的时间更长，才能证明你已经长大了。”小米似懂非懂地点点头又说道：“可是学校里有很多同学我都不认识。”妈妈摸了摸小米的头说：“朋友之间要慢慢交流，才会彼此了解，你可不能害羞，要主动地和同学说说话，你一定能找到你的好朋友的。”

小米终于又重新背上书包到学校去了，放学的时候小米显得格外高兴，她对妈妈说自己不仅交到了好朋友，还因为自己分享零食给同学吃，同学们都很喜欢她呢。妈妈见小米慢慢适应了学校的生活，脸上露出了欣慰的笑容。

小分析

美国著名心理学家托马斯·戈登曾说过这样一段话：“懂得接纳的父母愿意让孩子编写自己的人生，而不懂得接纳的父母感觉有必要为孩子编写他的人生。”像小米这样初次上学产生不适应感是非常正常的，但是妈妈智慧的引导和巧妙的回答，却让小米很快就度过了适应期，非常值得家长们学习。像小米妈妈那样能够蹲下来倾听孩子的话，并且从孩子的视角来分析问题、与孩子一起找到解决问题的方法，无疑是充满智慧的教育。如果所有的父母都能够像朋友一样平等地去走进孩子、理解孩子，那么我们的孩子将快乐地享受着成长的幸福。

很多小朋友不能瞬间适应小学的生活有以下几点原因。

1. 面对陌生环境，缺乏安全感。

这是很多刚上小学的小朋友都会出现的情况，当他们第一次与已经相熟好久的小伙伴分离，进入一个基本陌生的环境中，会产生紧张和焦虑的情绪。这个时候，父母对他们的态度就很重要了。首先我们应该关注到孩子的这个情绪，然后告诉孩子：“好的，妈妈（爸爸）知道。”并通过语言和行动，适时地向他表达父母的爱，消除孩子的不安和焦虑。要告诉他们，小学是一个非常特别的地方，在那里你可以交到很多的好朋友，还可以跟着老师学本领。

2. 没有朋友，和别的同学发生冲突。

第一次上小学的孩子，突然发现偌大的校园里有很多小朋友，但是却没有一个是自己的朋友，孤独感会让他排斥崭新的小学生活。家长要记得鼓励孩子勇于尝试，主动和别人打招呼，主动交朋友。

3. 在学校表现不好，被老师批评。

对于大一点儿的小朋友来说，突然不想上小学很可能是因为在学校表现不好，被老师批评了。这个时候，父母千万别急躁发火，先平静地听听孩子怎么说，再针对他犯的具体错误，帮助孩子承认并改正。

每个家长都希望自己的孩子优秀，但他们很多做法不但不能帮助孩子，反而阻碍了孩子的成长。比如当孩子不愿意学习的时候，很多家长不知道如何正确引导孩子主动学习，往往就用父母的威严去强迫孩子学习，逼孩子看书、逼孩子背单词、逼孩子阅读，家长觉得只要是为孩子好，强迫孩子学习是理所当然的，即使责打孩子也是应该的。故事中小米妈妈的做法很值得借鉴。心理学家研究发现，只有当人怀着愉悦的心情去做一件事的时候，他才会很认真、很投入、很高效地做好这件事。学习也是一样，如果孩子自身没有意愿去学习，而是被强迫地去学习，当他心情不愉快的话，是不可能尽心尽力去学习的，最多也只能人在心不在，这种被动的学习，效率是很低下的，难以达到家长所预期的学习效果。

小建议

聪明的家长让孩子爱上学习，顺利度过幼小衔接期。其实，孩子的学习应该是一种主动自觉的行为，而不应该是一种被动强迫的行为。只有主动学习，孩子的学习才会高效，才会事半功倍。那家长到底应该怎么做才能让孩子实现主动自觉的学习呢？

利用孩子的好奇心、求知欲，让孩子体会到学习是有趣的、好玩的、快乐的。家长可以利用孩子的好奇心让孩子主动学习，孩子天生对外面的世界充满了好奇，我们不要总是让孩子去看那些枯燥的教材，应该让孩子多去看看和了解一些介绍人、动物、自然、历史等方面的书籍，打开他们的一双眼睛，让他们去探索世界和生活。我们可以告诉孩子，书里会有很多很好玩的东西，书是你的眼睛，可以带你穿越时空，环游地球。如果想去非洲，我们可以通过一本介绍非洲的书来了解非洲，来看神奇的非洲动物长什么样，并了解有趣的非洲风土人情。一定要让孩子知道书会成为他的一双眼睛，书还可以是他的一双翅膀，可以带他们到任何想去的地方。

还可以通过生动有趣的故事，让孩子觉得学习是非常有趣的，从而喜欢上学习。比如在给孩子讲故事时，无论是读什么样的小故事，读完了以后，都要利用感同身受法。比如讲完三只小猪的故事，可以问第一个小猪为什么会建那样的房子呀？第二只小猪、第三只小猪为什么建不同的房子？你愿意做哪只小猪？当你面对大灰狼的时候，你会怎么样啊？而且告诉孩子，现实当中困难就是大灰狼，会让你感到害怕，感觉到自己好像不行，面对现实当中的大灰狼，孩子该怎么去做呀？家长可以通过类似的方式，利用孩子好奇心和求知欲，来引导孩子去主动学习，提高孩子的学习兴趣。

家长需要做到言传身教，不能只言教而不身教，我们要做好学习的榜样。各位家长回想一下，过去的一个月里、一年里、三年里，您读过几本书，您业余时间在干什么？如果家长您大多数业余时间是在玩拿手机、刷朋友圈、看电视等，这时您要求孩子好好学习，您觉得他能好好看书和学习吗？父母的言教远远不如他们的行为带给孩子的影响大，所以从现在起，请家长为孩子树立起爱学习的榜样吧。

让孩子从学习中获得成就感。成就感是每个人都希望拥有的，通过自己的努力做成一件事情，是对孩子自身价值肯定的重要部分。尤其是对于年龄小的学生，他们更渴望得到父母对自己的认可，当孩子在学习中取得任何进步，哪怕是小小的进步，家长都要及时给予孩子称赞，让孩子觉得自己能行、非常棒，让孩子感受到成就感。对于年龄大的孩子，如在学习的时候遇到了很多困难，而又不知道怎么去解决的时候，家长就需要通过专业的学习机构来给孩子诊断，找到学习上的障碍，并且通过一套科学有效的方法，来帮助孩子战胜学习上的困难。

学习无闲事

珊珊刚刚步入六年级，开学才一个月，她突然间不想去上学了。好多天她早上起来以后，按部就班地洗完脸、吃完早点就又回自己屋不出来了，每次都是妈妈连说带劝半天不管用，直到最后妈妈急了，她才从屋里慢吞吞地出来，很不情愿地跟在妈妈后面上学去了。还有几天干脆说头疼、胃不舒服，说什么也没去学校。有一天，珊珊突然和妈妈说她不想去上学了，想在家自学。妈妈一听急坏了，实在不明白，这孩子怎么能这么想呢！

其实，珊珊天性活泼，兴趣爱好也挺广泛，学习成绩也一直比较优秀，人缘也很不错。事情的变化就是因为近期妈妈对珊珊几个同学的态度引发的。

一个周末，珊珊正在学习，小佳来电话了，除了问了一个英语问题，俩人就闲聊起了她们都喜欢的一个明星，聊到开心处，俩人还在电话里唱起了这位明星的一首新歌，妈妈实在看不下去了，就有意大声对珊珊喊道：“还有完吗？这是谁呀？她不写作业也不让你写呀？”珊珊生怕小佳听到，赶紧挂了电话。对妈妈说：“您干什么呀？”妈妈马上说道：“你说干什么，这都六年级了，哪有那么多时间闲聊？赶紧学习去！”后来，只要电话一响，妈妈就接起来，以珊珊没时间为由，把几个珊珊的小伙伴都给拒绝了。不仅如此妈妈还和班主任老师反映了这种现象，老师非常重视，在班里不点名地批评了这种不好好学习，没事找同学聊闲天的现象。事后，几个好朋友都开始与珊珊自动保持距离，有的同学还调侃说：“人家是想当学霸的人，咱离人远点儿，别拖人家后腿。”课间时间、午休时间珊珊都变得形只影单，面对同学的疏远和调侃，特别是自己的成绩又没有那么出类拔萃，珊珊觉得非常难堪。她和妈妈说了自己的烦恼，妈妈却说：“你去学校就是去学习的，管她们说什么，她们说你想当学霸，你正好当给她们看看。”对于妈妈的观点，珊珊简直是无语了。

其实，在妈妈眼里，一直是除了学习，其他的都是闲事儿，都没用。小时候珊珊想帮妈妈摘菜，妈妈说：“你赶快学习去，这些事儿不用你管。”珊珊爱看闲书，妈妈就给她买好几本作文集：“你看那些闲书能提高作文成绩吗？有时间多看看这个。”珊珊和妈妈说说学校里发生的事，妈妈说：“你理他们那些闲事干吗？把心思都用在学习上。”甚至朋友也要交那些学习比自己好的，对自己能有帮助的同学。

珊珊对妈妈的这套说辞一直很反感，她并没有完全按照妈妈的意思去做。在学校里，她热心班级事务，人缘很好，所以珊珊觉得上学是件快乐的事。但是，现在每天一进班她就感觉很压抑，根本提不起劲头学习，而且，如果这样才能考上一个好中学又有什么意思呢？

1. 窄化的学习观，狭隘的逻辑。

学习的目的是帮助孩子获得个性成长和社会发展，是要帮助他们成为人格完善、社会适应良好的人。但是家长却把学习的目的和意义极端地窄化了，从而形成了一套狭隘的思维逻辑：学习是孩子唯一重要的事，只有今天好好学习，才能考上重点中学，才能考上一流大学，才能有一份工作，才能拥有美好的生活。家长们过分重视外化的标准，看得见分数，却严重忽视孩子内心的感受。

2. 有用与有趣。

梁启超 9 个子女，各个成就非凡，不禁引起了人们对梁启超家庭教育的好奇与探究，“人生没乐趣，要来何用”。恰是那些看起来“没用”的东西能够帮助孩子平衡生活、调整心态，使孩子有能力面对有挫折、有挑战、并不美满的生活。

3. 家长与老师沟通、处理问题方式简单粗暴。

孩子步入青春期，情绪细腻、敏感，在意自己在同学眼里的形象，对友情的需要、归属的需求强烈。

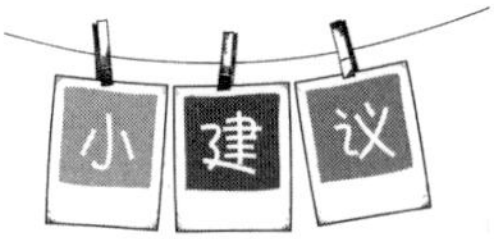

1. 关于有用与无用。

由自己的改变带动孩子的成长，用自己积极的心理影响孩子。坚持学习，构建新的思维模式。可以向书本学、可以向教育专家学、也可以向你周围的亲朋好友学；丰富生活，提升生活情趣和品位。培养自己的一项能长期坚持的兴趣爱好等，让自己充满活力，保持对生活的热情，增强对人、对人性的理解与体恤。

考试分数不决定一个人的未来，培养孩子健康的身体、积极心态、待人接物的魅力，相信孩子会拥有灿烂的人生。一般重视知识、能力、技巧、方法，更重视心态、品德、优势。忠厚传家久，诗书济世长。

2. 未来眼光，核心素养。

科技发展，人工智能，大数据——为了适应未来社会人才需求，各个国家都先后进入了新一轮的教育改革。世界各国与国际组织相继在教育领域建立学生核心素养模型，以此推进教育目标的贯彻与落实，改革教育评价方式，促进教育质量的提高。作为家长应该及时了解新的形势和要求，调整家庭教育思路，跟上时代发展的步伐。尽管各国在对学生核心素养的阐述上侧重点有所不同，但是都强调创新能力与创造力、信息素养、国际视野、沟通与交流、团队合作、社会参与及贡献、自我规划与管理等要素。

3. 讲故事、玩乐高、互动游戏。

民国初期著名开明教育家张武龄在《张家旧事》中记录："每天我们只要离开了书房，放鸟归林，这里就不再安静。我们有时学王羲之'临池洗砚'，更多的时候是疯疯癫癫爬山、玩水。"

孩子学习无闲事，不要让你眼里的闲事破坏了孩子的学习兴趣，磨灭了孩子的学习热情，扭曲了孩子对美好生活的向往。

成绩对不起努力

晓彤在学习上非常认真踏实，虽然成绩并不是出类拔萃，但始终处于班里中上等。最主要的是她性格开朗、热情真诚、热心班级事务、善于和同学交往，一直担任班里的宣传委员，不仅在同学当中人缘好、威望高，老师们也都非常喜欢她。升入初三以后，随着同学们都开始逐渐进入学习状态，她的两次月考成绩掉到了班里中等水平。晓彤感觉很沮丧，老师和家长也很替她着急。

班主任老师找她谈话，了解她的学习情况。晓彤说自己也不知道问题出在哪里，自己每天上课认真听讲，笔记记录工整详细，很多同学都会找她借笔记呢。课间时间、午休时间她也都是除了喝水上厕所，基本上都不出教室，几乎将所有时间都用在了学习上。晓彤爸爸妈妈也反应孩子每天回到家吃完饭马上进入学习状态，一学就到十二点，甚至一点，特别自觉。别人家的孩子都得家长催促学习，晓彤的爸爸妈妈却是经常催促她睡觉休息。面对晓彤的成绩，爸爸妈妈又心疼又焦急，真担心如果这样下去，中考成绩不如意，晓彤会接受不了。为了给晓彤减压，爸爸对她说：“晓彤，差不多就行了，我们对你的学习根本没什么要求，你也别太较劲儿，有些事儿较真也没用，身体要紧，顺其自然就行了。”老师们对晓彤也是既怜爱又无奈，感觉这么好的孩子，成绩真对不起她的努力啊！班主任为了能让晓彤专心学习，提出初三别再担任宣传委员的建议。家长和老师的劝慰和建议不仅没能减轻晓彤的压力，反而使她更加紧张和迷茫，难道自己真不是学习的材料，没有学习潜力了吗？

小分析

1. 学法不得当，学习效率低。

一是按照老师的要求去做，以完成老师布置的作业为主，学习被动，自主学习能力不强。表现在自己的学习目标定位不清晰，对自己学情不了解，不会制订可行性学习计划等。二是缺乏科学有效的学习方法，单靠拼时间提高学习成绩。学习方法包括课前预习、课堂学习、课后作业及复习、单元总结、课外学习等各个学习环节的常规学习方法，也包括各学科独特的思维方式与方法。科学的方法可以达到事半功倍的效果，靠拼时间耗体力不仅不能显著提高学习成绩，更是让人容易疲劳，难以维持长久的学习动力。

2. 学习遇瓶颈，被困平台期。

在学习过程中，总有那么一段时间，虽然不断练习、投入了很多时间与精力，成绩却“停滞不前”，因此会有很强的挫败感。这个阶段就是学习的平台期，每个人在学习过程中都会遭遇学习平台期。心理学家研究发现，不同的人面对平台期大致有三种反应：浅尝辄止、强行突破和安于现状，这些都会让人被困于平台期，无法突破。

3. 心思细密，精力分散。

青春期是孩子一生发展的多事之秋。除了学业之外，还有很多事情会吸引他们的注意，令他们分心。很多孩子表面上风平浪静，但其实可能正在遭遇人际关系的危机，或者正在被自身巨大的生理变化而困扰，甚至正在品味着初恋的酸甜苦辣……这些青春期的烦恼都能让一个看似乖巧的孩子魂不守舍，处于幻想和神游状态，从而影响学习效率。

小建议

1. 了解学习风格，优化学习方法。

学习风格是指学习者在长期的学习过程中逐渐形成的具有个体特性的学习方式。心理学家瑞德（Joy Reid）根据不同的感官偏爱，把学习风格分为视觉型、听觉型和动手型。

视觉型的人比较容易接受视觉信息，会把要学习的东西在脑海中组成图像和片段，喜欢做课堂笔记，时常抄写、反复默写，通过观察学习效果最好。适合视觉型的学习方法有：巧用色彩和图画帮助学习和记忆，如可用各种不同颜色的笔标记重点；采用思维导图将知识点和重点学习内容转换为文字或者图表等视觉性强的学习和记忆材料；运用各种教学影像或学习软件等视觉媒体来帮助学习和记忆。

听觉型的人比较容易接受听觉信息，喜欢通过口头讲解、课堂讨论和其他听觉刺激进行学习。听觉型的学习方法有：学习环境尽量保持安静；大声朗读；借助录音和音频学习材料进行学习；讨论、辩论、讲故事等方式辅助学习，效果更好。

动手型的学生喜欢通过动手操作或亲身体验来学习，亲身感受某个情境或经历而加深对事物的认知，喜欢自己动手，在不断尝试中进行学习和提高。动手型的学习方法有：在学习的过程中多动手体验和验证；多种体验方式进行深入学习。

不同的心理学家从不同角度把学习风格做了许多分类，家长可以引导孩子通过自我观察、与老师同学沟通、心理测试等探寻了解自己的学习风格，找到适合自己的学习方法。

2. 跳出学习舒适圈，突破学习难点。

写作业、做练习是为了巩固知识，解决学习中遇到的问题，而不是为了学习而学习。一些同学习惯于每天付出很长的时间成本，但是针对自己情况的学习复习时间却极少。在练习过程中也特别喜欢重复那些已经会的、比较容易的内容和题目，遇到学习难点总是浅尝辄止。每天做的题量虽然很多，但学习中的问题和难点始终被搁置，学习水平只是在原地打转。学习好的学生除了要跟上老师的教学节奏，还必须清晰地了解自己的学习状况，将更多的时间和精力用在对知识进行阶段性总结、梳理以及定期查漏补缺上，对练习中出错的地方进行深入思考，对相关知识点做到真明白、真理解，直到错题真会做为止，这样才能真正学有所获。

3. 合理安排时间，提高学习效率。

学习时间不是影响学习效果的唯一要素，更重要的是提高学习效率。可将学习任务按照重要程度进行排序，按照轻重缓急的顺序制订每日学习计划。了解自己的生物钟，利用自己注意力最容易集中、头脑最清醒的时段，来完成学习计划中最重要的内容。避免外界的干扰，学习时尽量远离手机等通信设备，即使是和同学交流学习内容也要约定一个时间集中处理，千万不要有问题就问，有问必答，整段的学习时间都被拆解零碎了。

4. 保持接纳与欣赏，给予支持和鼓励。

每个孩子都有自己的长项及短板，不可能方方面面都尽如人意。一贯认真勤奋的孩子成绩总是不尽人意，家长首先要通过用心观察或深入沟通了解其背后可能存在的原因，给予针对性的帮助引导。同时要始终保持信任、接纳和欣赏的态度，如果孩子此时感受到家长和老师对其失望怜悯多过接纳欣赏，他就会自我怀疑、自我否定、丧失学习动力。即便经过各方面的努力最终证明他在学习上不属于机灵的百灵鸟，也不要让他感觉到勤奋就是笨的代名词，不要让他感觉自己是同学和老师眼中的笑柄，要始终用接纳、欣赏的态度将“天道酬勤”“勤奋的人是最美的”等价值理念根植于孩子的心中，让其始终保持对自身的肯定与认同，保持对学习的兴趣和永不放弃的态度。

谁的目标谁来规划

晓龙最近特别郁闷。高二下学期就要进行学业水平考试了，同学们都只报了三科，而晓龙一共报考了六科，除了自己选择的会考必须要考的三科之外还报考了语数外三科。但这并不是晓龙的本意，而是妈妈的决策。虽然政策规定语数外三科可以用高考成绩替代学业水平考试（会考）成绩，也就是说不用非得单独参加这三科的会考，最后对会考和高考都没有影响。但是，妈妈认为多练习练习没坏处，用考试促进学习是很好的策略。于是，妈妈直接跟老师说了自己的想法，这个事情就这么定了。其实语数外的学业水平考试对晓龙来说难度并不大，对晓龙来说也没有实质性的压力，但晓龙就是觉得烦，感觉在同学眼里他就像个傻子一样，最重要的是他和妈妈无法沟通，不仅是因为妈妈总是掌握着“真理”、说的话都特别“正确”，而且用心都特别良苦，都是为了晓龙好。所以，每次母子意见不一致时，败下阵来的都是晓龙。

其实，高一时选择考试科目和未来高考方向，都是妈妈给晓龙选的。晓龙学习中等，没有什么突出的学科，他唯一的爱好就是美术，他的理想是当一名动漫设计师。可是妈妈认为晓龙虽然对绘画感兴趣，但并没有天赋而且基础也很薄弱，即便是学美术将来也考不上什么好学校，再说动漫设计路太窄了，家里也没有这方面的资源，就凭晓龙自己，这条路肯定走不通，还不如走一条常规的道路，学个财经类专业，到时候怎么也能有个工作可干。为了将来选专业路宽点儿，妈妈在选考科目时还给晓龙选择了让晓龙最为头疼的物理学科。妈妈认为高二和高三还有两年时间呢，找个好家教，只要晓龙自己好好学，怎么也不会太差的。

晓龙之所以不反抗妈妈的决定，是因为从他上小学起，只要反抗就没有好下场，就会招致妈妈更强大的打压。没办法，拧不过妈妈就听妈妈的吧，这样将来无论考成什么样，妈妈也无话可说了。所以，他就变得“乖”了，反正这么多年也忍过来了，再忍两年，考个外地离家远远的大学，到那个时候，妈妈就够不着自己了，想管也管不了了。

孩子步入青春期，人生面临新课题。从孩子上学起，许多家长就习惯按照自己的经验和想法，调动一切资源为孩子安排好学习发展的道路。但是，随着孩子年龄的增长，到了初高中时期，孩子开始步入人生中最重要的发展时期，即青春期。在这一时期，孩子们开始思考几个重要问题，通俗地说就是：“我是谁？”包括我的身体、人格、人际关系、别人对我的评价、我的兴趣、潜力等；“我从哪里来？”包括我的父母、家庭、成长环境、成长经历等；“我将去往何处？”包括我的愿望、目标和理想等。理顺这几个问题的过程被心理学家称之为“实现自我同一性”的过程。研究表明，如果在这一时期，孩子能够清楚地回答这些问题就能形成积极的自我同一性，他在未来的人生中就能把握自己的人生方向，能够将自我发展与社会要求有机统一。反之，就会形成角色混乱，既不能选择自己在生活中的角色，也不知道自己未来该做什么、能做什么。这个过程需要由孩子自己进行独立思考和解决，家长过多的控制和替代只能带来孩子压抑和被动，使孩子的成长轨迹遭到破坏。

新高考改革带来新挑战，家长缺少应对经验。新高考不分文理，实行“6 选 3”的考试模式，使得学生在高一就要对自己选考哪些科目作出选择。这就要求学生对自己的人生发展进行思考、分析和规划。对于涉世未深的高中生来说，作出这样影响人生发展的重大抉择无疑是艰难的，因此，不仅要求学校老师对于如何选课、如何选班、如何作出更为适合的选择给予必要的指导，也要求家长肩负起孩子生涯发展导师的责任。面对巨大的变化和挑战，许多家长感到巨大的压力，唯恐孩子选错科、选错方向，影响一生的发展，由此产生巨大的压力与焦虑。在没有更好的方法时，就希望用一种确定性的规划方案来应对不能确定的选择风险，对孩子的学习目标和学习过程过度干预和控制。同时，还有一些家长借机将自己未能实现的发展目标强加在孩子身上，希望通过孩子进行补偿。其实，高考改革的核心精神是“增加学生的选择权”，让学生能够自主选择自己今后的生活道路，并为自己的选择负责，而家长的上述做法无疑都是与此相违背的。

家长长期控制，孩子变得被动依赖。在孩子的成长过程中，无论大事小情，一切都由家长亲力亲为，竭尽所能安排妥当。更有一些家长认为孩子小，没有能力也没有资格规划自己的人生。孩子对于家长制定的目标以及选择的方向只能努力执行，不能质疑反驳，否则就会遭受惩罚。孩子小的时候心理力量还比较弱，会表现得比较乖，而且，父母比孩子经验、资源都更丰富，这样的做法往往效果还不错；孩子长大后，他的独立思考和解决问题的心理需求变强了，实际能力也提高了，如果他自主发展的意愿总是受阻受挫，就会变得压抑、依赖、被动。

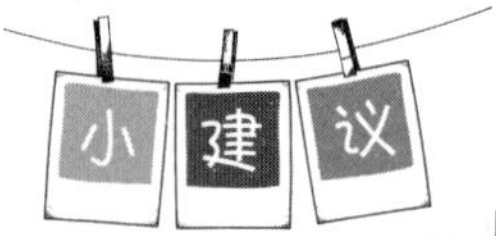

1. 和孩子谈人生谈理想，引导孩子自己确立发展目标。

青春期是思考人生的重要时期，需要正确的引导，家长的人生观、生活视野给孩子提供榜样和参照。要经常问问孩子，究竟想成为一个什么样的人，怎样才能成为那样的人。尊重孩子的想法，倾听他们的内心，能够帮助孩子形成思考人生的习惯，激发主动性和潜能。制定目标的原则有两个：远—中—近；阶段性。

2. 尊重孩子独特性，创造多元发展的空间。

爱因斯坦说："每个人都是天才。但如果你用爬树能力来断定一条鱼有多少才干，他整个人生都会相信自己愚蠢不堪。"世界万物都是独特的，没有两片相同的叶子、两块相同的石头。每个孩子都是独特的外貌肤色、性格、兴趣、能力等。发现、尊重孩子的天性，为不同兴趣才能的学生提供不同的发展空间，为他们设计适合其发展的不同课程，协助他们理顺人生发展的重大课题，形成积极的自我同一性，让他们成为最好的自己。

3. 为孩子提供信息和建议，让孩子自己做选择决定。

家长可以作为参谋、榜样、激励者和支持者，提供信息和意见建议，不替孩子做决定，不强加、不过早下结论，不轻易否定孩子想法。家长可以引导孩子通过借助网络资源之力、借助亲友之力、借助学校老师之力、阅读偶像传记等搜集和了解丰富的参考信息，通过参与社团活动、社会实践等积累经验和体验，给孩子自主选择、自主发展权，是要让孩子学会为自己的生命发展负责，找到自己的人生目标、树立人生理想，发现和挖掘个人优势、潜能，找到自己的人生发展道路，学会选择，学会规划管理，为自己的人生发展负责。记住，孩子才是自己生涯发展的责任主体，老师和家长都只是指导者、协助者。

4. 家长要认识到没有终极的、完美的生涯发展方案。

一个人的生涯发展变数很多，对于自己喜欢和擅长的事不一定能一次性选准，选择了也不一定能一帆风顺、从一而终。让孩子了解人生发展的可能性很多，不确定性也很多，很早就能确定和找到自己喜欢且擅长的职业方向并为之努力固然是一件非常好的事情，但在未来的人生发展道路上通过实践、体验、了解、调适找到了方向也很不错。关键是能够拥有积极的、开放的、主动的生涯发展观念，尽早成为自己的人生发展规划的主人，积极探索自我，了解社会发展趋势，拥有应对生涯发展挫折的弹性和能力，活出精彩的人生。

感兴趣＋有方法是会学之由

坐不住的希希

小故事

希希今年5岁，爸爸妈妈工作忙，从她出生起就被寄养在姥姥家，只有周末接回自己家一两天。这样的日子，姥姥姥爷虽然辛苦些，但每天有希希萦绕膝前，也甚感欢乐；爸爸妈妈每天忙完工作不用照看孩子，乐得清闲，周末接孩子出去吃喝玩乐一番，也是一派亲密和谐的景象。希希在这样自由宽松的环境中无忧无虑地成长。事情的变化是从妈妈听了一些朋友的话，给希希报了两个兴趣班开始的。妈妈报的是绘画班和舞蹈班。

绘画班上小朋友们都在专心地画画，希希却一直在玩儿混合颜料的游戏，将各种颜料混合在一起，玩得不亦乐乎，小朋友们的图画纸上已经呈现出精彩的内容，希希却还一笔没动，而且图画纸已经被各种颜料弄得乌七八糟了，老师多次提醒，希希也好像没有听见一样，玩到尽兴时用手沾上自己混合的颜料就向周围小朋友的画上抹去，惹得小朋友纷纷告状，尽量远离她。下课时，希希妈妈看见希希的衣服上、小脸上都沾染上了颜料，听到老师反映的情况，内心简直快要崩溃了。

回到姥姥家，妈妈迫不及待地召开家庭会议，一边将希希的“杰作”展示给大家，一边诉说希希的“罪状”。姥姥和姥爷听不下去了，说：“孩子还这么小，不能要求这么高，我们希希在家都挺好的呀！”

妈妈说："小什么呀？都 5 岁了。人家别的小朋友都能按照老师的要求画画，她不仅不听讲还捣乱，再这样下去怎么行！"这边妈妈激动地和姥姥、姥爷说着，那边希希跟没事人一样自己玩了起来。妈妈一看立即火冒三丈，吼道："说你呢，给我过来站好！"希希看看妈妈又看看姥姥，不情愿地站了过来，姥姥赶紧把孩子拉到身边，说："看把孩子吓的，一会儿吃完饭我们好好画一张，好不好？"希希使劲点点头。

吃完午饭，希希刚要看动画片，妈妈立刻说道："吃饭前怎么说的，现在该干什么了？"说完不由分说，把希希拉到小桌前。妈妈已经给希希铺好了图画纸，准备好了水和颜料，希希坐下后一下抓起笔在颜料盒里沾了浓浓的大红色就在画纸上涂开了，妈妈一看赶紧捉住希希的小手："停停停，谁让你开始的？画之前不动动脑子呀，画的这是什么呀……"这时姥姥正好端着一碟削好的苹果走过来，说道："就是，着什么急呀，先吃苹果。"希希放下笔，抓起一块儿苹果放进嘴里，妈妈冲着姥姥叹气道："您能不能不添乱呢？"

更让妈妈崩溃的是希希不仅绘画课一塌糊涂，舞蹈课也遭到同样的投诉，老师说希希上课总是神游，不听老师讲课也不跟小朋友练习，整节课在小椅子上转来扭去不停闲。唉，这孩子究竟是怎么回事？

小分析

希希显然是注意力出现了问题。注意力是指人的心理活动指向和集中于某种事物的能力。俄罗斯教育家乌申斯基说："注意力是我们心灵的唯一门户，意识中的一切，必然都要经过它才能进来。"注意力在儿童心理发展中起到至关重要的作用。一般研究认为 5~7 岁的孩子注意力集中时间约为 15 分钟；7~10 岁约 20 分钟；10~12 岁约 25 分钟；12 岁以上约 30 分钟。如果一个孩子注意力集中时间明显低于同龄人的平均水平，就被认为是注意力水平较低，甚至可能是注意力缺失。

造成儿童注意力问题的原因如下。

一是家庭教育环境复杂。生活中一些孩子和希希一样从一出生就由老人照看，隔代抚养容易造成家庭关系复杂，父母和老人在教育理念、态度、方法等方面往往存在不一致，甚至是冲突，这些都会令孩子感到混乱，面对大人们相互矛盾的指令无所适从，无法做到集中精力，全神贯注。

二是过分宠爱，缺少行为规范。近年来，受极端自由思想影响，很多家长对孩子缺乏规则、规范教育，过度宠爱，特别是对学龄前的孩子，更是认为年龄小不用也不能约束太多，应该顺应孩子的天性，让其随心所欲，自由自在地享有快乐童年。其结果往往是孩子意志力薄弱，学习、做事缺乏坚持性，专注力不够。

三是批评指责多，方法引导少。一些家长平时对孩子注意力训练的意识不强，一旦出现问题只会批评指责，同时又缺少办法。过多的批评指责容易令孩子产生不好的情绪体验、形成不良的暗示、产生负面的自我评价，认为自己笨，什么也干不好。因此，学习时很难将全部精力投注在学习上。

四是电视和电子产品的不良影响。我们经常听到许多家长这样描述自己的孩子："只要给一部手机就老实了""除了看电视、玩手机电脑，干什么都没常性"。电视和电子产品影像鲜艳、声画结合、场景变化迅速，容易吸引孩子的注意力，但是这种注意力大多是一种被动无意识的状态，不需要意志努力。研究证明，过度使用电视和电子产品，不利于孩子注意力的提高。

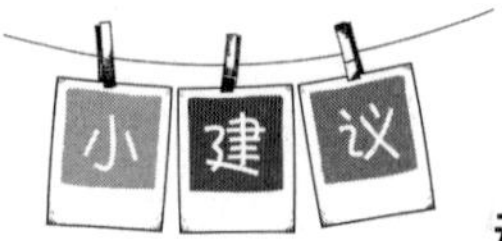

1. 排除注意缺陷多动障碍，区分多动行为与多动症。

注意缺陷多动障碍是一种常见的儿童发展性障碍，俗称“多动症”。《心理异常诊断统计手册》中指出其发生率在3%~5%，主要表现为不专注、多动、冲动或抑制困难。

由于许多家长和老师缺乏相关知识，常常把儿童的多动行为与多动症混为一谈，以至于一些好动的孩子被轻易地贴上多动症的标签，对孩子造成不良的心理影响。因此，当孩子表现出注意力方面的问题时，首先要请专业人士作出正确的判断，然后再提供正确的帮助。

2. 理顺家庭关系，分清教育孩子责权利。

隔代抚养作为当今社会的一种普遍现象，有利有弊。在孩子教育问题上父母和老一辈人要分清各自的责权利，虽然很多事情无法截然分开，但是也应有所侧重，比如老人主要负责孩子的生活起居，父母主要负责孩子的教育管理。父母要明白，当你将孩子的抚养责任交给老人的同时，你对孩子的管理权也很容易随之发生转移。老人对孩子付出的多，孩子对老人的依恋度、亲密度超过对自己的父母，当孩子出现行为问题需要管教时，父母的话往往就不灵了。一些孩子不仅不听父母管教，甚至容易产生敌对情绪。因此，年轻的父母必须多用一些心，一方面做好和老人的沟通工作，在教育理念和方法上取得一致；另一方面，在陪伴孩子的有限时间里，注意与孩子建立亲密和谐的关系，在此基础上将自己的教育理念和要求潜移默化地传递给孩子。

3. 全心陪伴，做孩子最好的老师。

一个孩子“控诉”自己的父母：“我一直以为，手机才是爸爸妈妈的孩子。”这样的家长虽然人和孩子在一起但心神却不在。身教重于言教，家长自己整天抱着手机电脑、懒懒散散，却要求孩子好好学习、专注勤奋。还有一类家长看起来是把全部精力投注在孩子身上了，但本质上却是对孩子的高度控制，这样的家长只要一看到孩子出现“问题”就会忍无可忍，必须立即予以“纠正”，孩子的注意力总是被阻断，难以获得全神贯注沉浸在一件事上的心理体验。家长是孩子最好的老师，每天要给孩子至少半小时高质量的陪伴，固定时间、固定空间，放下所有的事，全身心地和孩子在一起。少说教，多互动，根据孩子的年龄特点选编一些游戏，以兴趣为导向，在游戏中训练，紧紧跟随孩子的想法和节奏，给孩子及时的、积极的回应，不控制、不强迫，循序渐进，使孩子在有趣、有序、持之以恒的坚持下，逐渐达到凝神静气、平静专注的状态。

阅读好处多

小故事

在天天还不会说话的时候，天天妈妈就给他讲小故事，念简单的儿歌，教他背诵短小精悍的诗歌……在妈妈的日夜熏陶中，刚学会说话的天天就能咏出“锄禾日当午，汗滴禾下土……”，虽然有些许磕巴，但已经很棒了。天天看着小卡片上的儿歌就会说出来，因为他已经听妈妈念过无数遍了，如果他咬字不清，妈妈和爸爸一定会纠正他，所以天天从小讲话咬字就很清楚。

慢慢长大的天天，很少会黏着妈妈讲故事了，他喜欢自己看书，一看书就会看得津津有味，甚至忘记时间。有时候天天完成幼儿园布置的任务后，就已经到了规定上床睡觉的时间，他就会抱怨连看书的时间都没有了。于是，妈妈建议天天自己制订好时间表，合理安排时间。天天又能有时间读书了，他可开心了。天天妈妈也会经常给天天制造惊喜，送他图书，也会去他的书柜里找书看，和他一起讨论故事书中的情节，也会相互朗诵。当然，天天还是会时常读错字，但是母子俩还是读得很快乐。

最近，天天读了成语小课堂这本书，没几天就看完了，妈妈爸爸决定考一考天天记住了多少。饭后，一家三口围在鱼缸前看小金鱼，鱼儿们正欢快地嬉戏。妈妈提议说:“今天我们以鱼缸里的鱼为主题，说一些关于鱼的形态、动作、心情等的成语吧。”这大大激发了天天的兴趣，开心地举双手赞成，爸爸先开始了，说:“自由自在。”天天接下去说:“无忧无虑。”妈妈跟上说:“栩栩如生。”大家开始互不相让地接龙下去。“如鱼得水、活灵活现、如胶似漆、情同手足、津津有味、相濡以沫……”不知不觉，大家已经玩到了睡觉的时间，仍然精神抖擞。

为了让天天有意识地读书，天天妈妈在家里的不同角落都放置了简易小书架，里面的书都是根据天天的年龄、兴趣和接受能力定期更换，百科全书、历史故事、文学经典、脑筋急转弯等应有尽有，天天一直置身于书的海洋，漫步遨游。每当天天学到新的知识，他总会乐呵呵地分享给同班的小朋友，如果小朋友也看过，他俩还会展开更深入的交谈，互相提高。

不把阅读当成一项任务来完成，而是当作每天都喜欢做的事情，是幼儿生活中不可缺少的乐趣，家长经常读读孩子的书籍，感受孩子的童真，才会与孩子有更多的共同话题，才会更理解孩子的想法，帮助孩子健康快乐地成长。

小分析

在幼儿文学作品中，温和善良的小白兔、机灵活泼的小松鼠、凶狠残暴的大灰狼等一个个生动的形象深深地吸引着小朋友，牵动着他们的心。因此，他们会屏声静息、全神贯注地听。幼儿不仅可从故事、童话和诗歌中学习汉语，感受中国及世界儿童文学的特殊韵味，而且能帮助幼儿使用恰当的语言与人交往。幼儿在早期进行一定的阅读对幼儿的整个人生都是大有裨益的。据调查分析，在早期进行了一定阅读的幼儿和其他没有在早期进行阅读的幼儿相比，更能够保持自己的阅读能力。在某些情况下，早期阅读和晚期阅读之间的差距会随着时间的不断发展而变得越来越明显。

天天妈妈就是一个很睿智的家长，她会主动给天天投放阅读材料，还积极参与到天天的阅读活动中，灵活运用多种形式的阅读活动让天天爱上阅读。因此，在家庭教育中，家长要重视培养幼儿的阅读习惯，提供给他们阅读的机会和空间，鼓励他们多读能看懂的书。

早期阅读甚至能够有效地帮助幼儿的大脑发育。耶鲁大学的一项研究表明，阅读能够激活孩子们的神经系统、神经网络以及它们之间的连接。因此，孩子们的大脑在学习的过程中会变得更加容易接受新的学习内容。阅读使幼儿能涉猎多方面的知识，如文学、历史、地理、科学、政治等，增广见闻，对提高幼儿的学习能力很有帮助。喜欢阅读的幼儿能够更早地掌握语言文字的能力，在以后的发展中往往超越同级同学，不必背诵、强记课文而能取得好成绩，因为他们在早期的阅读中已经潜移默化地提升了写作的能力。并且有良好阅读技能的孩子往往更能经得起人生的考验，懂得应付危机和挫折，情绪上较为平稳和愉快，处顺境能居安思危，处逆境能百折不挠、泰然自若。幼儿是生活在社会中的人，他们的语言发展包括了对多样化语言的适应力、理解力和运用力。假设一个孩子从小只与自己的父母交往，那么他在打开自己家门后便会处处产生各种可能的“语言障碍”。但对于从小通过阅读接触各式各样的语言的幼儿来说，他们会逐渐地发展起具有交往价值的语言能力。幼儿进行了阅读活动后，在幼儿园中往往能声情并茂地讲故事给小朋友们听。因此，阅读能帮助幼儿使用恰当的语言进行交往。在早期进行了一定的阅读的幼儿们在上学的时候能够更加享受学校生活，甚至每天都会想要去上学。这是因为幼儿们已经克服了阅读的障碍。所以，他们可能不会因待在教室里而感到非常难受。这也能改善幼儿们的社交，帮助幼儿们更好地和他人相处。幼儿如果早期进行阅读的话，可以帮助他们在上学的时候有更多的自信。因为幼儿在之前就已经有了一定的阅读技巧，这就能够帮助他们在教室里进行更多的阅读练习和活动。这都会增强幼儿们的自信心，使得幼儿更渴望去接受一些新的学习上的挑战。

多读书、读好书不仅可以帮助幼儿学习、激发幼儿兴趣、提升幼儿素质，其带来的好处更能够让

幼儿一生受用。家长除了要鼓励幼儿多读书更要懂得如何培养幼儿对读书的兴趣，让幼儿乐于读书、享受读书。

如果孩子发现读书是一种顺利而且有趣的体验，那家长更应当在他心中植入读书的欲望。家长应该每天或至少每周数次念书给孩子听，并形成定时读给孩子听的习惯。

家长要选择有趣味性的书给孩子看，比如那些有漂亮插图的惹人喜爱的图书。孩子们喜欢有人物、场景以及他们熟悉的事物的图画和照片。同样，他们也喜欢动物图片。童话故事对孩子们来说是很有魅力的。理论显示它们是有效的工具，可以帮助孩子们在认识世界时免受伤害，并认清现实和虚幻之间的差异。童话故事还能促进孩子们的抽象思维和创造性思维能力。

一是给孩子们看的书篇幅必须短。因为孩子的注意力只能集中一小段时间。另外，这些书应有较大的插图、细节少。孩子们大多喜欢那些有插图但是没有文字的图书。

二是要确保书里的文字容易理解。一本字印得很大的书看起来简单，但却有可能包含难字，所以事先要浏览一遍，看看里面的文字是否能被孩子理解接受。

三是读书给孩子听时，尽量把气氛搞得很轻松愉悦。这样他们会从中体会到更多乐趣。朗读时，手指可以在读过的字下移动，但不要强迫孩子看这些字或者跟随手指读字。

四是鼓励孩子注意图画中的事物或让他们猜测下一步将要发生什么。当他们这样做时，要给予表扬。这样做不仅能培养孩子的想象力，还能培养他们的语言表达能力，一举多得。

五是让孩子多接触阅读材料。孩子与文学作品的接触越多，阅读就越会成为他们生活中的一部分。从每一个故事中小孩子能接触到更多的信息、概念以及音素概念。孩子在家里有许多阅读材料能在标准化考试中获得更高的分数、取得更好的表现。基于孩子的阅读水平给他们准备一些感兴趣的书籍或是杂志，这样能很好地激发孩子的阅读习惯。

六是鼓励多种多样的阅读活动。让阅读成为孩子生活中最基本的一部分。让他们读菜单、电影名、路标、游戏指导、天气预报以及其他的一些日常生活中的信息。试着让孩子在空余时间读些什么。当然，家长也可以让孩子借助电子阅读器来进行阅读活动，满足孩子的不同需求。

七是让孩子有自主选择权。快乐阅读是让孩子读书没有负担的最好办法，让孩子选择他们的阅读材料有利于让他们变成终身阅读者。不管是小说、笑话还是杂志，只要是能让他们更喜欢阅读的，就能让他们获取到更多的信息。如果孩子要求的话，重复阅读某些书也是可以的，一本他们特别喜爱的书可以反复阅读。在不同的情境下读同一本书会有不同的感悟。

皮皮真“皮”

皮皮可真对得起他这个名字，无时无刻不在“闹”。折个纸飞机到处乱扔，妈妈总是说他：“皮皮，别乱扔，我还得打扫，这些纸张要叠放在一起，别再瞎折了。”皮皮还用塑料瓶进行各种裁剪拼接，妈妈每次都被搞得头疼，一边凶皮皮一边收拾残局……家里被这个“小魔王”搞得乌烟瘴气，只有爷爷和奶奶一脸宠溺地护着皮皮，说：“你们别再凶皮皮了，他这也是在动脑子啊，换你们能有这样的手艺吗？”

一个炎热的夏天，蝉鸣声不绝于耳，太阳很毒，晒得大家不想多动，只想在空调房里享受着恬静，唯有皮皮一个人又在搞东搞西。只见他拿出一张废纸来，然后动作十分熟练地将纸从中间撕开，不够，还不够，皮皮又变换角度再次撕开来，一遍又一遍，周而复始，不觉疲惫，乐在其中，直到整张纸全部变成了一堆小纸片儿，看着地上散落的小纸片儿，皮皮挠了挠脑袋，又跑去多找来了几张废纸，他重复着之前的操作，把又寻觅来的几张纸全都撕成了小纸片儿。皮皮用手将地上的小纸片儿全部攒到手心里，兴冲冲地跑到爸爸和妈妈的面前，双手捧起纸片，往空中一抛，白色的纸片就如同雪花一样从天而降，沙发上、地板上都是皮皮洒落的碎纸片儿，皮皮蹦蹦跳跳地喊道：“下雪了！下雪了！”

看着刚刚打扫干净的客厅瞬间被皮皮搞得一片狼藉，妈妈非常生气，对着皮皮大吼道：“倒霉孩子，你看看你弄的，我不还得再打扫吗？下次再干这种事，我绝对打你屁股。”爸爸在旁边也没有好脸色地附和着。面对一地的垃圾，听着皮皮喊着“下雪了”，奶奶开心地笑着说：“皮皮这是想冬天了，夏天好热，不如冬天还会下雪，还能滑雪滑冰。皮皮的想象力和创造力真丰富啊！但是，为了不让爸爸和妈妈生气，你一会儿要把你搞的这些小纸片儿清理干净呀！自己的事情自己做。”听了奶奶的话，皮皮斗志高昂地说：“是，奶奶，保证完成任务！”看着皮皮小小的身躯在地上蹲着捏纸片儿，奶奶忍俊不禁。之后，奶奶悄悄地将妈妈拉到一旁，对她说：“皮皮妈妈，爱玩是孩子的天性，打击不得啊！这也是皮皮学会发散思维的表现啊！以后，你可不能再对他没好脸色了，要注意保护他的这种天真。”妈妈听了，点了点头。

也许对孩子来说，撕纸、叠纸飞机，是他们在“玩中学”，孩子看着纸片漫天飞，他们就会兴奋不已。不仅是游戏本身有趣，更重要的是能够亲身体验游戏的快乐。

当孩子犯错后，家长往往不忍心拒绝和批评孩子，这样对孩子溺爱是不正确的。孩子的早期教育比较关键，要合理地对孩子进行早教知识的培养，培养孩子的学习兴趣。孩子早教，最关键的就是开发孩子的创造力，“学中玩，玩中学”是开发创造力的最好过程。创造力来源于对事物本质的了解，孩子们在玩耍的同时不断地对接触到的事情产生兴趣，再通过他们独特的观察能力，来激发孩子的想象力和创造力。故事中皮皮的奶奶就是深谙“玩中学”的真谛，而皮皮的妈妈只会埋怨皮皮的调皮捣蛋，其实游戏体验也是学习的过程，皮皮在撕纸片儿、叠纸飞机的过程中，既能收获游戏的快感，也能锻炼动手能力，激发想象力和创造力。对于孩子天马行空的想法，家长应该给予支持和鼓励。

游戏是指儿童运用一定的知识和语言，借助各种物品，通过身体运动和心智活动，反映并探索周围世界的活动。游戏是一种使幼儿得到快乐发展、自主自愿的活动。游戏既可以巩固和丰富幼儿知识，又能够使幼儿的身心得到全面的发展。游戏不但贴近幼儿的生活，又能带给幼儿快乐。游戏是幼儿园的基本教育活动，通过游戏能让幼儿在玩乐中学习，充分开发幼儿的大脑和让其感知生活的乐趣。以游戏为基本活动，帮助幼儿认识、了解生活，让幼儿在学中玩、玩中学。游戏无论是在教学中，还是在幼儿的成长与发展中均有着独特价值和意义。

德国教育家、幼儿园创始人福禄培尔·弗里贝尔在《人的教育》一书中指出："游戏是内心的一面镜子，游戏是发展的最高阶段。"我国著名的教育学家陈鹤琴就曾经说过："游戏是孩子的生命。""玩"是孩子的天性，幼儿园的教育教学原则是：寓教于乐，让幼儿在"玩中学"。以"玩"的形式，使幼儿兴趣盎然地参与学习，从而轻松愉快地掌握知识，同时得到动手、动口、动脑等各种能力的培养与发展。如在玩卖东西等角色游戏中，在快快乐乐的游戏中，孩子们的平衡能力、语言表达能力、与同伴之间的交往能力、动手操作能力、观察能力等都能得到训练。

陈鹤琴先生指出："玩"对孩子有四点好处，可以增加孩子的兴趣，可以丰富孩子的科学知识，可以发展孩子的想象力，可以培养孩子做人的高尚品质，合作、诚实、勇敢等品质，也可以在"玩"中学到的。幼儿的天性就是喜欢游戏的，这也是最适合学前儿童年龄特点与自身发展特点的活动之一。因此在幼儿阶段，要将游戏融入一日生活的各个环节中，尤其是将游戏和集体教学活动有机地结合起来，促进幼儿的自主学习，使幼儿在幼儿园阶段能够快乐、健康地成长。

所以，不要限制孩子们的手和脚，要让孩子们玩好，才能开发智力，孩子的发展才能越来越好。

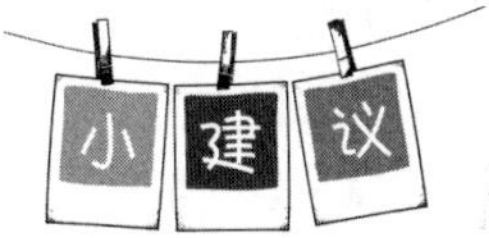

从"学中玩，玩中学"是孩子比较感兴趣的学习方式，用游戏的方式引导孩子养成主动学习的习

惯和学习兴趣。美国著名教育家杜威认为“教育即生活”“教育即生长”“教育即经验的改造”。孩子的生活是多彩的，在孩子的眼中，对世界充满了好奇。爱玩是孩子的天性，儿童在游戏的过程中，自然地构成自我决策的潜质并实现自我的价值。因此，幼儿的学习活动主要以游戏的方式进行，让幼儿在游戏中感知、体验。真正做到让幼儿在玩中学、学中玩，只有幼儿通过实际体验与操作得到的经验，才是属于幼儿自己的经验，才是幼儿的学习所得，也会使幼儿记得更牢固。

真正做到让幼儿在学中玩、玩中学，家长需要做到以下几点。

1. 小任务、计划表，鼓励式的家庭教育。

家庭教育是孩子教育过程中至关重要的一部分，溺爱会让孩子有恃无恐，现在的孩子放学回到家一般都喜欢玩或者看电视等，这就需要家长花时间有意识地安排一些小任务让孩子去完成。每周可以制订一份计划表，把孩子每天回家要做的事以图画的形式呈现出来，并张贴在家里显眼的地方，如果孩子按时按量地完成了可以给予一定的鼓励。具体的小任务可以依照孩子的兴趣而定，如果孩子爱画画可以为孩子布置一个主题，但孩子不知道怎么画时，家长可以适当地引导。每天睡前可以给孩子讲一到两个故事，故事中可以暗含一点儿浅显的道理，侧面引导孩子学会处理生活中发生的事情。

2. 给予学习的机会和权利，一起探索。

生活中也有许多地方可以让幼儿去学习，需要家长去发现，去陪孩子一起探索。比如孩子喜欢玩沙玩水，许多家长会觉得孩子玩这些会把衣服弄脏，或者有危险等不利因素，还没等小孩去探索就把孩子拉走了，这样就剥夺了孩子学习的机会与权利。孩子在玩沙玩水的过程中会发生许多新奇的事，也会有许多问题想问家长，家长可以在孩子玩的时候在旁边有耐心地陪同，和孩子沟通，增进亲子关系。衣服玩脏了可以再洗，拒绝孩子玩的请求可能就会让孩子失去了一次学习的机会。

3. 不要对比，发掘潜力。

家长不能用孩子作对比，每一个孩子都有自己的独特学习风格，只是所长各不相同。我们需要建立对幼儿发展的合理期望，并最终实现面向全体、全面的和谐发展。因此，家长平时要与幼儿教师做好沟通交流工作，实现家庭教育与学校教育的同步和谐发展。家长也要转变教育观念，孩子的童年是短暂的，是不可逆的，孩子的心是一块奇妙的土地，播下一粒思想的种子，就会取得行为的收获；播下一粒行为的种子，就会取得性情的收获；播下一粒性情的种子，就会取得命运的收获。让孩子学习该学的东西、做该做的事情。不要把成人的意志强加给孩子，让孩子真正具有快乐的童年。

幼儿的教育是一个长期的历程，家长在教育孩子中不能操之过急，而应该考虑孩子的生理和心理状况，给孩子更多的耐心，要相信自己的孩子是最棒的！

谈学习伤感情

已经是晚上10点多了，邻居们又听到了小扬妈妈呵斥儿子的声音:“你真是没救了，给你讲了多少遍怎么还不会做这个类型的题，不就是变了一个数吗？你这脑子真是奇笨无比呀！”“你就是个白痴，我养你，用好吃好喝供着你，你就把书念成这个样？”紧接着就是一阵摔打桌椅、撕扯书本的声音，还夹杂着小扬愤怒的质问声:“你凭什么撕我的作业？”小扬的话音未落又传来小扬爸爸的声音:“你跟他发那么大火有用吗？”“你撕了他的作业让他怎么上课？告诉你差不多就行了，别这么没完没了的！”于是又是一阵小扬父母的吵架声。在这静谧的夜里，大人吵、孩子叫，一家人打起了罗圈架，而且声音传得很远，让远近邻居都知道他们家又因为小扬的学习爆发了“战争”。

11岁的小扬是五年级的小学生，自从上小学以来，这样的场面三天两头就会出现。小扬的妈妈受过高等教育，儿子上学后一直是她负责儿子的学习，她把监督儿子学习当成了自己生活中最重要的事情，对此抓得很紧，要求很严。从一年级开始到现在五年级了，儿子写作业她必在旁边陪着，不时地指点纠正孩子的不好习惯和出现的错误。然而看到孩子心不在焉的表情和不断地犯着同样的“错误”，想到孩子的学习成绩上不去，妈妈愈发着急生气，于是口无遮拦地讽刺、训斥、羞辱儿子成了家常便饭，甚至有的难听的话成了口头禅。即便如此也难解心头之气，如今又加上了拳脚。而小扬呢，小时候每逢此时他只是委屈、害怕地哭，向妈妈承认错误，按照妈妈的要求努力地去做。随着年龄的增长，慢慢地小扬变得“厉害了”，他敢和妈妈顶撞、反抗了。原来他只是委屈、害怕，现在他恨恨地盯着妈妈，呼呼地喘着粗气，从他的眼神里能看出他的愤怒和怨恨。一家人因为孩子的学习，夫妻间不断地争吵，曾吵到要离婚；母子间也战争升级、关系恶化。整个家乱了！

小扬妈妈想到自己一心为了儿子，舍弃了自己的大部分时间来陪着他学习，送他去上学，整个身心都扑在了儿子的学习上。现在，不但孩子的学习成绩没有上去，自己也身心俱疲，连亲情好像都快没有了，不禁自怜自艾，暗自神伤，委屈至极。

1. 学习上角色混乱、边界不清，造成了亲子关系的疏离。

陪孩子写作业现在几乎成了所有家长的功课，在孩子年级尚低的时候，家长的确是孩子学习的后盾，陪写作业起着指点纠错、监督检查、培养学习习惯的作用。然而当孩子年级逐渐升高，如果还像小扬的妈妈那样每写必陪的话，则将学习的角色搞乱了，边界弄不清了。学习是孩子自己的事情，在整个学习过程中，通过脑、手、口等的协调运用，孩子的思维能力、自我监控能力、学习能力等都会得到相应发展与提升。如果家长过度参与孩子的学习并纠缠其中，把该是孩子的学习任务替他做了，孩子被家长驱使着被动地学习，不但会使孩子丧失主动学习、自觉学习的机会与权利，而且未来的学习效果也很难让家长满意，出现小扬家的情况就不足为奇了。与其说是帮助孩子，不如说是父母代替孩子学习，剥夺了孩子获得学习体验、提高学习能力的权利和机会，造成角色混乱、边界不清的情况，轻则成了思维的“懒人”，阻碍了孩子学习的兴趣和学习能力的发展，重则说是为孩子“埋雷”也不为过。不仅如此，亲子关系恶化，就像故事中的小扬妈妈，那种委屈、伤心、不甘的情绪可能会让很多家长感同身受。

2. 家长极度关注学习，忽视孩子的精神和情感需求。

小学生在心理上还不具有完全独立的意识，很多时候他们在情感上依恋父母，在精神上需要得到父母的关注。父母的表扬和赞赏让他们感到愉悦和高兴，感到自己是个好孩子，从和父母的对话交流中获得肯定和支持，获取精神上的极大满足。然而，当一些家长把学习作为孩子的头等大事来抓时，日常在与孩子的对话以及言谈话语之间的话题几乎就全是学习的事情了，“作业写完了吗？”“别玩儿了，快写作业！”几乎成了家长的口头禅。不仅如此，孩子的学习成绩也成了家长挂在脸上的晴雨表，每天随着孩子的学习状态和学习成绩在不断变化着，尤其当一些家长不满意孩子的学习成绩和学习状态时，孩子必然就成了父母的出气筒，数落、斥责、羞辱、打骂的情况时有发生，就像小扬的家长一样。久而久之，孩子与父母的情感纽带断掉了，没有了情感的依恋，精神上不断遭受打击，于是他们开始恨父母、恨学习、讨厌上学。这些孩子的共同表达就是“父母爱的不是我，而是我的作业！是我的成绩！”

3. 家长情绪化的表现使亲子关系蒙上阴影。

在许多家庭中如果不谈孩子的学习，家庭气氛基本上是平静和谐的，一家人其乐融融，相安无事。然而一旦谈起孩子的学习，平和的气氛会急转直下，家长在孩子面前表现出的或焦虑、担心，或发火、争吵，或呵斥、打骂，令孩子感到委屈、愤怒、对抗，甚至仇恨，原本正常的亲子关系瞬间转化为“敌对”的双方，许多家长无奈地说：“我们家孩子不学习时挺好，只要一说写作业就来事，我就得跟着着急上火，都是写作业惹的祸！”所以，谈学习伤感情。家长这些在特定时间内的情绪化的表现让很多孩子与家长产生了情感上的阴影。

4. 简单粗暴的教育方法导致亲子关系不睦。

在对待孩子的学习问题上，一些家长的做法往往简单粗暴，他们不知道检点自己哪里做得不对不好，哪种方式方法不起作用，更不想去了解孩子究竟需要的是什么，也未曾想去改变什么，只知一味地强求、指责、训斥，这种状况持续下去，必导致亲子关系不睦。

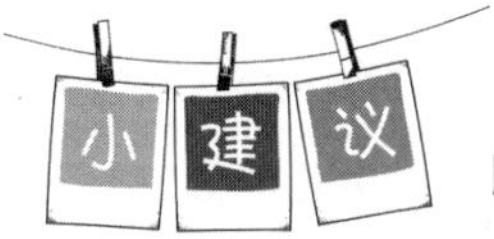

1. 家长需充分考虑严苛教育的后果，并给自己以警醒。

一些家长因各种原因对孩子的学习要求极其严苛，最常见的后果包括孩子厌学、自暴自弃、亲子关系紧张等。另外的后果是对孩子的性格产生不良的影响，长期来看会影响成年后的发展以至于社会适应性很差。严重的后果则是会发生孩子自残自杀的自虐行为或杀害亲人、他人的犯罪行为。无论哪一种后果相信都不是家长们想要看到和得到的，为此，各位家长真要想让孩子如己所愿，一定要用可能出现的不好后果时刻警醒自己、告诫自己，做到无论任何情况在孩子面前言行要适当、适度。

2. 调整心态，做到理智、克制。

家长们已经在生活和工作中承担了很多压力，产生了一定的焦虑情绪，内心已经不安定了，而面对在学习方面不如己意的孩子，再加上有的家长同时又有攀比心理不服输、从众心理盲目跟从、自负心理面子上过不去等不良的状况，更加重了情绪焦虑，于是就有了既伤害孩子又伤害自己的情绪和行为。家长要调整心态，首先努力做到认识上要理智，比如对孩子的学习成绩不强求，认真了解孩子的性格特点、能力、智力、兴趣和需要，反思自己的言行对孩子的伤害，或者是给自己积极的心理暗示……其次努力做到行为上要克制，管住嘴，不要一味地唠叨孩子，不伤害孩子；

适时离开，平复不良情绪最好的办法是暂时离开，既不伤害孩子，也放过了自己，更好地避免了亲子间更大冲突的出现。

3. 适当“刹车”，把学习的责任还给孩子。

如前所述，一些家长在孩子学习上过度参与，混乱了角色，混淆了边界，在孩子的学习、情绪以及亲子关系等方面出现了很多问题。当家长越把学习当成自己的职责，孩子们就越不会将其看成是自己的事情。那些认为学习对自己的父母要比对自己更重要的孩子，不会承担起学习的责任。当家长因为孩子做作业的事而生气的时候，是否在某种层面把做作业当成了自己的职责呢？如果是，那么我们需要做的第一件事就是把学习的责任还给孩子。这就意味着，如果孩子不写作业或者磨磨蹭蹭，他就要承担后果。

陪孩子学习，如果在孩子低年级阶段是一种必要的陪伴，那么随着年级的升高，这种在学习上的陪伴与替代应适当减少，适当“刹车”。分清角色是让孩子学习担负起自己的学习责任，厘清边界是避免家长过度参与孩子的学习，把学习的主动权交还给孩子是家长明智的做法。

被“拖延症”困扰

小慧今年上初二，从小学到初中她一直是班里的学霸，学习成绩始终名列前茅。小慧性格也热情开朗，同学们有问题都爱围着她问，老师更是三天两头地表扬她，同学们对她既羡慕又佩服。她在学习上始终劲头十足，自觉性超强，从来不用爸爸妈妈催促。

可是，自从初二开了物理课，小慧第一次体会到了什么叫力不从心，虽然课上课下已经非常投入了，但成绩总是很一般。有的同学竟然拿她开起了玩笑:“原来学霸也有脑力不够的时候啊！”更有甚者，一次大课间两位老师在教室里聊天，说道:“女生就是没后劲儿，特别是初二初三，开始学物理、化学就显现出来了。”老师们虽然没有点名，但小慧自己就对号入座了。

不知从何时起，小慧的笑容越来越少了。放学回到家后也不再像从前那样兴致勃勃地马上就开始写作业了，写作业学习成了一项每天难以启动的工程。每天把书本放在书桌上以后，她就开始上厕所、洗脸、照镜子、挤痘痘、喝水、吃零食、翻闲书、摆弄各种小玩意儿、收拾书桌抽屉……总之，有数不清的杂事要做。更令她不能接受的是她居然迷上了以前不屑一顾的动漫！这下可好，从放学回家到爸爸妈妈下班回来之前这段时间，小慧完全陷入一种自由放任的失控状态中。

妈妈很快发现了小慧的变化，开始担心起来。为了让小慧尽快找回原来的学习状态，妈妈每天一吃完晚饭就开始督促小慧学习，结果非但没能如愿，反而造成了母女之间的冲突。小慧变得叛逆，学习越来越拖拉，以至于出现了完不成作业的现象，不仅物理学习没有起色，其他科目也都急转直下，初二下学期期中考试总成绩居然掉到了班里的中下等。

面对这样的局面，妈妈非常着急，小慧自己心里也很不安。小慧说，好像有两个自己，一个说“别再磨叽了，再不抓紧就没时间了”，可另一个就是要去做很多不相干的事。她每天晚上躺在床上都特别痛恨自己。怀疑自己得了“学习拖延症”，眼看着离初三毕业班就不远了，这样下去可怎么办啊？

小分析

动作慢、磨蹭、拖拉、拖延症……经常被家长们用来描述孩子做事、学习时的一种不理想状态，其中“拖延症”更是近年来被广泛应用的一个热词。家长们用它表达对孩子行为状态的不满，孩子们用它给自己和家长一个交代：“我不是不努力，我是得了病。”

虽然，这些词汇都具有缺乏时间观念、效率低下的意思，但是动作慢和其他几个词汇所描述的现象却存在着本质的区别。动作慢的孩子可能是因为发育晚，也可能是先天气质类型所致，他们虽然行动慢，但能够专注于目标事件，享受事情的过程。而其他几个词汇则具有一个共同内涵，就是偏离目标、计划，表现出不同程度的推迟延后行为，即拖延。拖延是一种普遍现象，它并不是一种临床意义上的心理疾病，不存在于精神疾病的诊断体系中。但当拖延引起强烈的自责情绪、自罪感、不断自我否定、自我贬低，并伴有焦虑症、抑郁症等心理疾病时，就必须引起高度重视。

引起拖延行为的原因主要有以下几点。

一是缺乏时间观念，总想着及时行乐。美国的蒂姆·厄本在题为《你有拖延症吗？》的演讲中形象地比喻，拖延者头脑中住着一只及时行乐的猴子，它完全生活在当下，没有过去的记忆，也没有未来的概念，它只关注两件事情：简单和开心。很多有拖延习惯的人就经常会对自己说“先玩会儿再说”“明天再说”“下次再说”，在这种缺乏时间观念的不断推后延迟中，不知不觉虚度了许多时光。

二是任务没完没了，缺乏自主权。适当的作业是孩子巩固所学知识必须要做的，但有的家长从孩子上学起就喜欢给孩子额外再留一些学习任务，甚至比老师留的作业还要多。孩子写完一样又一样，没完没了。孩子没有对学习的主动权也就丧失了学习的主动性、自觉性，逐渐养成了磨蹭、拖拉的坏习惯。这种现象普遍形成于小学低年级，其弊端随着年龄的增长而更加显著。

三是对任务缺乏兴趣，难抵诱惑。当一个人对将要完成的任务缺乏兴趣时，他一方面很难提起兴致很快地投入到任务之中，另一方面，也更容易受到其他事情的吸引而分心。当一个孩子感到写作业、学习是枯燥、乏味、单调的，他就很难抵御动漫、电子游戏的诱惑，当他把精力更多地投入到这些事上以后，学习的事就只能是一拖再拖了。

四是经受挫败，缺乏自信。有些孩子学业上比较困难，成绩偏低，逐渐形成了较低的自我评价，对学习心生畏惧；有些孩子过分理想化，要求完美，认为只要努力了就必须成功，否则宁可不去做。这其实都是缺乏自信的表现，都是还没有开始努力就预言到自己会失败，并给失败找好了理由：“不是我不行，我只是还没有开始”“不是我不行，我只是开始得太晚了”“不是我不行，我只是没做太多努力”……以此缓解失败带来的苦恼。

拖延虽然不是一种心理疾病，但却是一种对生命能量的无谓消耗，让人们在“焦虑—拖延—挫败感—自我否定—更焦虑—更拖延”的死循环中，被空虚、焦虑、懊悔、自责、自我憎恨等负面情绪所困扰。

1. 探讨原因，激发动机。

当发现孩子存在习惯性的学习拖延行为，或者突然变得拖延时，一味督促和纠正往往作用不大，特别是对于青春期的孩子还很可能适得其反。首先要冷静地和孩子进行沟通，耐心倾听孩子的心声，真正去了解到底是什么妨碍了孩子行动？他存在什么困难？遭遇到了什么挫折？学习上的、人际关系方面的还是青春期的烦恼？需要怎样的帮助？或者他原本就是天性动作慢的孩子。这个过程也是帮助孩子了解自己、厘清思路的过程。在自我了解的基础上，进一步引导孩子叩问自己的内心：你真的想改变吗？改变的愿望究竟有多强烈？可以让孩子用 1~10 给这份愿望赋值，还可以将其绘制成一张图贴在一个显而易见的地方，使其内在动机可视化。

2. 对话协商，调控管理。

拖延很多是一种无意识的状态，不知何故，不知不觉成为一种惯性的行为方式。当我们通过沟通对话将它提升到意识层面以后，它能够被发现被觉察了，也就能够作出相应的调整和改变了。家长要从内心里信任孩子，相信孩子是希望改变的。以信任为前提，以孩子的主观动机为基础，就可以商量出具体可操作的办法，例如，把每天的学习任务进行分类，按重要性排序，集中精力先做最重要的；设置时间红线和警醒机制，商定父母介入管理的时机和方式，严格执行，逐渐养成时间一到、不假思索、立即行动的反应模式。

3. 合理目标，分解实施。

苏联教育家维果茨基提出“最近发展区”的概念，他认为目标设置太高会令人产生畏难情绪，太低又会让人提不起兴趣。合理的目标是跳一跳够得到的，这样的目标达成的可能性高，更容易付诸行动。家长要引导孩子学会寻找自己的“最近发展区”，了解自己的现有学习水平和潜力，制定适合自己的目标。长期目标可以远大一些，但是要善于将大目标转化成一个个容易实施的小目标，并且要给每个小目标一个明确的期限和奖励措施。在实现一个个小目标的过程中，不断积累成功，增强自信，摆脱拖延症的困扰。

PART 3

厚积薄发

——指导孩子学会做人

现代社会处于竞争时代，将来的竞争还要更激烈，要想使孩子将来在社会上有立足之地、干得出色，家长就要重视孩子的全面发展，其关键是教会他们如何做人。家长对孩子要从小就抓好行为规范及礼貌的教育，培养他们做人最基本的素质，在此基础上再谋求发展，这更能让孩子受益终生。著名教育家陶行知先生说:“千教万教教人求真，千学万学学做真人。”教孩子做学问，先要教会孩子做人。只盯着分数，无异于舍本逐末，也终究会害了孩子。学会做人，人生第一课，人生永远一课！因为一切成功来源于做人的成功。

有健康 + 会生活是成长之根

尿床的孩子

一幼儿园邀请我每月最后一个周五的傍晚给家长们做一次心理咨询。咨询场所就在幼儿园的医务室，由幼儿园的保健老师负责接待服务，凡是有意愿来咨询的家长，都在外间屋坐下来等，我则在里间屋做咨询。

有一次在咨询到最后，一位妈妈轻手轻脚地走进来，坐下，还不时朝外面的屋子张望，轻声地给我反映了她儿子的情况。“我的儿子从小到现在一直尿床。”她的声音很轻，生怕外面还在等候服务的保健老师或者还没有离开的家长们听到。我马上向这位妈妈表达了共情和理解，并且说明了保密原则。于是这位妈妈稍感轻松，继续她的表述。

“我的儿子叫东东，小的时候我们一直给他用尿不湿，可是，现在我儿子已经快 6 岁了，眼看就要上小学了，如果他还是这样尿床，以后在学校里，让其他孩子知道了，他哪里受得了！我曾经带他看过西医，也看过中医，吃了好多药，有过好转，但是一段时间之后就又不行了。”

我问：“嗯，孩子五六岁，他多久尿一次床？”“几乎天天尿床！现在白天每半小时就要去一趟厕所尿尿，老师都知道他这毛病，只要他一举手，就立刻让他去，要不然就会尿在裤子里。一到晚上，睡觉的时候我都是让他带上尿不湿，就这样还往往把被子尿湿呢！唉，愁死人了！”

我又问：“在医院里都做过哪些检查？”“做过好多！”她边想边说，列举了一些检查项目。“既然医学检查没有问题，那我希望了解一下你们带孩子的具体情况，从孩子出生，到成长的各个阶段，不管是大事还是小事，只要您能记得的，都可以提供给我，因为这些都有可能成为我做分析的资料。”

通过这位妈妈提供的信息，我归纳了孩子的成长历程：顺产，从出生开始就由父母亲自带，帮助他们的先是月嫂和奶奶，后来还有保姆、奶奶和姥姥，孩子从来没有离开过自己的家。这位妈妈是一位近乎洁癖的人，她爱整洁、爱干净，从孩子小的时候，就见不得孩子拉和尿，一旦孩子拉尿就立刻喊保姆或其他人来帮忙。而且家里环境打扫得一尘不染，尤其怕孩子在地板上随意撒尿。为此，她就一直给孩子带着尿不湿，唯恐哪次没有及时兜住孩子的大小便，弄脏了家里的任何一个地方。每天还不住地叮嘱孩子：“睡觉如果有尿就喊妈妈，一定不要尿在床上，因为尿不湿有时候也不管用的！”可以说，孩子从小就在妈妈怕尿床的焦虑中度过的。

可是不知为什么，妈妈越是担心、越是嘱咐，孩子反而越是尿床，甚至连尿不湿都不管用。于是就形成了一个恶性循环：妈妈担心孩子尿床，孩子担心妈妈着急，一着急反而更加尿床，妈妈于是就更加担心孩子尿床……

妈妈说：“孩子从小就爱尿床，之前没在意，以为孩子长大点儿就会好了。可是现在孩子都快6岁了，这怎么上小学呀？而且现在孩子都不怎么爱说话了，因为他知道自己尿床是一件不光彩的事情，非常自卑，我们夫妻都觉得孩子很可怜。我更是长期处在焦虑和担心之中，每天下班回来都要给孩子洗床单洗被罩，感觉很疲惫！”

小分析

大约30%的儿童在3岁之前会尿床，15%的儿童在5~6岁依然有尿床的经历，更有少部分儿童在10岁左右还尿过床。小孩尿床是一种比较常见的事。但是，如果超过5岁，每个月还要尿床达到两次，超过6岁每个月还要尿床一次，才可以诊断为“尿床症”。东东快6岁了，几乎天天尿床，当然按照医学诊断应该属于尿床症。但是，他的尿床原因却值得关注。因为不找到东东尿床的原因，不管是从医学治疗还是采取心理咨询，都是事倍功半的。

经过了解，东东的身体没有问题，也没有遗传因素。那就应该从心理层面入手探索。东东的家庭环境非常干净，一尘不染，主要是妈妈对环境有非常高的要求，一定不能脏。妈妈不一定是洁癖，只是她的生活习惯使然。保持家庭环境清洁本来是一件很好的事情，可是她这种对洁净的过高要求放在孩子身上，就对孩子产生很大的负面影响。

首先，在东东很小的时候，妈妈平时就无数次提醒东东：“不要尿床，不要尿床！”在孩子幼小的头脑中，往往会忽略掉“不要”这个词，而不断强化的恰恰是“尿床”这个词，因此东东的记忆中就登记了一个信号：尿床！尿床……所以，妈妈越是提醒，东东就越容易尿床。这也正是我们常见到的一种现象：对孩子某些不正确的行为，家长越是提醒，一些孩子反而越容易犯同样的错误。

其次，从另一个角度来说，孩子长大了、懂事了，对父母提出的禁止是很担心的，而恰恰是由担心反而变得更加难以克制，于是久而久之就会形成一种退缩的防御反应：如果我做不到爸爸妈妈的要求，那我就不是好孩子，那是非常糟糕的事情。为了避免这种糟糕的事情，应该替自己找到一个解释，那就是之所以我还不能成为爸爸妈妈的好孩子，是因为我还小，而小孩当然是做不好事情的。于是退缩现象就又以尿床的形式不断重复表现出来。

小建议

在孩子还很小的时候，比如几个月的孩子，当他能够坐了，也就是说孩子有了一定躯体能力的时候，家长或抚养人就应该给孩子“把尿”，让孩子接受正确的解大小便的姿势和习惯，逐渐形成条件反射，待到孩子再大一些，就让孩子在需要解大小便之前向父母做出表情或动作，甚至是发声，再往后，就是直接用语言告诉父母：“我要尿尿！”父母要给孩子准备对孩子非常方便，同时又很有趣的专用便器，让他知道这是专门给他解大小便用的，久而久之，孩子也可以自己找到它，使用它。

小孩玩起来会很专注，所以都难免会有把尿尿在地板上或其他地方的时候，尿床更是在所难免。家长和抚养人要理解孩子这一时期的特点，他们的认知能力和行为能力尚未达到自理的程度，因此，要把这种状况当成正常的事情来看待，一定不能在孩子还无法正确控制好自己的大小便时就批评或训斥他们，这样做，一方面孩子不会从批评中受到教益，另一方面还会给孩子带来一生难以弥补的心理缺陷。

对那些已经长大却仍然尿床的孩子，只要不是器质性问题，即身体上没有毛病，而是心理问题使然，家长就一定要耐心而毫无怨言地帮他们收拾好被褥，就像什么事都没有发生一样，哄孩子继续入睡，也就是说，要淡化孩子尿床的事情，不要给孩子增加压力，一段时间之后，孩子对尿床的恐惧和担心相对减少，尿床的频率就会逐步降低，再过一段时间之后，形成良性循环，孩子尿床的问题就会随着心理压力消失而解决。

东东的妈妈是一位负责任而且悟性很高的妈妈，她牢牢记住咨询师给她的指导，回家完全彻底地按照要求去做，结果还没到两个月，东东就已经不再尿床了。

有小秘密的孩子

小故事

言言是个5岁的女孩儿，性格开朗外向，每天在幼儿园发生的事情，回到家里就跟妈妈讲个不停，妈妈从来没有担心过言言会有什么事情瞒着她。然而这天，言言从幼儿园回到家里，没有主动跟妈妈分享经历，而是一个人玩儿起了玩具，妈妈觉察到不对劲儿，过来问她在幼儿园发生了什么，言言刚说到“今天……”，就连忙打住，然后调皮地说“我不能告诉你，这是个秘密。”妈妈觉得好奇，一个晚上想了各种办法也没能让言言把秘密说出来，最后言言被妈妈追问得哭了起来，这一哭，可把妈妈急坏了，是什么事情被孩子当作秘密，还忍着不说出来？会不会是孩子被欺负了？怎么才能让孩子愿意说出秘密呢？

小分析

1. 开始拥有小秘密，是孩子成长的标志。

每个人都有自己的秘密，孩子也不例外。有人说没有秘密的孩子长不大，可是真当孩子开始有秘密时，尤其是幼儿阶段的孩子，父母难免会有所担忧。孩子从多大开始有秘密是正常的呢？

3岁之前的婴儿还没有秘密。最初他们以为自己和世界是一体的，通过与外界的互动，他们逐渐能够区分自己的身体。到3岁时，孩子已经有了自我意识的萌芽，他能意识到有些事情自己很清楚，而其他人却并不知情，于是秘密出现了！当然，这时的孩子对于要保守秘密还是公开秘密毫无意识，更加不了解秘密真正的内涵和本质。他可能刚跑过来对你说，“告诉你一个秘密，你不能告诉别人！”然后转身就跑去告诉了别人。三四岁是秘密的萌芽期，孩子体验到了有一个属于自己的内心世界。

5 岁时，孩子逐渐明白秘密的含义，开始有区别地分享秘密，只把秘密告诉自己觉得重要的人，但他们还无法保守秘密。到了 6 岁，孩子开始为该不该把秘密说出去而发愁，尤其是当孩子意识到自己的愿望和成人的要求相抵触的时候，他们感受到自己有了一些“见不得光”的想法或做法。一方面孩子希望追求独立，通过保留自己的秘密而获得独立自主的感受；另一方面，他们又会为自己保留了秘密而内疚，好像自己在破坏关系。

所以，对孩子来说，秘密意味着自我意识的成长，这是孩子走向人格独立、思想成熟的必经之路。作为家长，如果发现孩子有了自己的秘密，应该感到高兴，这说明孩子开始想要捍卫自己的内心世界，这种对自己内心世界独享的体验，可以让他们感受到个体的存在感和价值感。

2. 情绪比秘密本身更值得关注。

家长担心孩子有自己的秘密，往往是因为自己的情绪。过去，孩子所有的思想和行为都在自己的掌控之中，如今却有了自己无法了解和掌控的事情，这多多少少会让家长感到不安，控制欲强、自身安全感弱的家长尤为甚之。秘密本身并不可怕，可怕的是家长的紧张、焦虑、担心，这种情绪会给孩子带来很大压力，让他们感受到自己的内心世界是不安全的，意味着我们在告诉孩子，“你是弱小的，你还不够强大，你不能有自己的秘密，你只能依赖和服从我！”家长对秘密的担心会打击孩子的自信，阻碍孩子的成长。

家长不仅要觉察自己的情绪，还需要敏锐觉察孩子的情绪，当孩子拥有自己的小秘密后，他的情绪有什么变化，他是开心愉悦的，还是沉闷忧伤的？如果是前者，我们大可以放心地让他拥有属于自己的内心“圣地”；如果是后者，则需要我们提高重视，想办法让孩子主动把秘密说出来，但不是用强迫、威胁、高压、追问等让孩子感觉不舒服的方式。

对言言来说，她能调皮地告诉妈妈这是一个秘密，可见这个秘密对她并未造成负面的影响，妈妈完全不需要担心。但妈妈每天对孩子了如指掌，突然发现孩子有了自己的秘密，自然会感到很好奇。当好奇变成追问时，这就让内心想要独立的言言感到焦虑，哭泣是对妈妈掌控的抗争，更是一种艰难捍卫自己的委屈。

3. 当孩子存有不能说的秘密时，可能意味着自我压抑。

不能说的秘密，一种是答应过别人的，一种是感受到不被外界所允许的。当孩子答应了别人要保守秘密，这意味着他作出了一个承诺，6 岁的孩子需要学习为自己的承诺负责，在保守秘密的过程中，孩子的意志力和责任感都会得到磨炼，这是一件好事。但如果孩子不说的秘密，是因为感到不被外界允许，那就会压抑某些情绪。例如，父母经常因为孩子的事情吵架，当孩子遇到了一些自认为会引起父母吵架的事情时，他就会将这件事隐藏为一个秘密，不敢让爸爸妈妈知道。

孩子的情感远比我们想象的要敏感，很多微不足道的小事，在孩子们的心里都会激起波澜。像言言这样喜欢交流的孩子，当她存有秘密时，比较容易露出蛛丝马迹，但很多先天内向不善表达的孩子，他们可能在内心存了很多秘密而父母都没有觉察。虽然说拥有秘密意味着孩子自我意识的成长，但一个孩子在多大程度上愿意分享秘密却意味着他感受到被接纳和被爱的程度。

1. 重视亲子间的情感交流，成为孩子可以停靠的港湾。

人类是群居动物，与身边的人建立情感连接是我们的天性，牢固而深厚的情感连接，其中必有双方共同珍视的许多小秘密。当孩子存有很多秘密时，他与父母之间的情感连接一定是弱的。与其担心孩子有一天会开始隐藏秘密，不如在当下加强与孩子的情感交流，成为孩子在情感上可以依赖和信任的人，当他遇到风浪，他会想到有一个港湾随时准备迎接他的停靠。对善于表达的孩子，家长需要更多耐心的倾听、适时的共情，切忌表现出不耐烦。而对不喜欢表达情感的孩子，用心观察、主动寻找话题就是父母的功课了，可以用“我听说……我看到……我感到……我想听你说说……”这样的句式。比如说：“妈妈今天接你的时候，听你们班有个小朋友说，老师今天带你们做饼干了，我想那一定很有趣，我小时候都没有做过，你跟妈妈说说吧！”父母通过主动交流，引导孩子表达自己的情感，需要注意的是避免强迫孩子表达。当亲子间的良性交流成为一种习惯，孩子的小秘密早晚都会说出来的。

2. 与孩子分享自己的秘密，帮助孩子了解秘密的含义。

学龄前的孩子还并不完全清楚秘密的含义，所以当孩子第一次对你说“这是一个秘密”时，家长们不妨开始回忆自己的小秘密，像分享神秘口袋一样，一次掏出一个。这会让孩子进一步了解秘密是一个人宝贵的内心空间，它可能是我们担心不能被理解被接纳的事情，也可能是自己希望独享的好事；同时秘密可以和自己最信任的人去分享。当你分享秘密时，孩子体验到的是被信任和与你连接的亲密感；而当孩子分享秘密时，他体验到的是被理解、被接纳和自己内心世界开疆扩土的成就感以及如释重负的轻松感。家长们可以在分享秘密时，把孩子可能遇到的困惑编入其中，也可以寻找一些同龄孩子的小秘密，帮助他们解除顾虑。例如，如果孩子特别害怕做错事被批评，家长就可以分享一些自己犯过的错误以及当时害怕被批评的感受。

3. 尊重孩子感受，巧妙揭示秘密。

孩子的小秘密在成人看来，通常不值一提，甚至让人啼笑皆非，家长们需要提醒自己站在孩子的角度上看待这些秘密，尊重孩子的感受并和他们一起守护这个秘密。

首先，避免把孩子的“秘密”当作笑话，有些秘密是孩子出的丑或者一些荒诞不经的事情，我们听到会感觉很好笑，这时要控制自己的情绪，以免让孩子感到羞耻和尴尬。

其次，不要当面揭穿孩子的秘密，既然是秘密，就是不想让别人知道的，当面揭穿比笑话孩子更让他难堪。比如孩子不小心踩了狗屎，他觉得很丢人，假装什么也没发生继续走路，家长可以找个理由说“我的鞋子好像坏了，你来帮妈妈看看。”然后悄悄地跟他一起把鞋子清理干净。这不仅让孩子保住了秘密，还增进了他对你的信任。

最后，不要强制孩子说出他的“秘密”。孩子不肯说出秘密，如果不是为了遵守承诺，通常是因为他们把后果想象得很严重。当我们觉察到孩子的情绪因为存有秘密受到严重影响，而他又坚持不肯说出时，家长们不用着急，可以表明态度：我非常想要了解你的痛苦，并跟你一起分担。然后拉着孩子的手静静等待，也可以温柔坚定地抱住孩子，给他支持和力量，让孩子感受到无论发生什么，爸爸妈妈都是爱他的，都愿意接纳包容他，孩子就会敢于将秘密说出来了。

爱做“鬼脸”的孩子

小故事

小明上小学二年级，学习成绩处于中上游。时下一些为父母者，只要孩子学习成绩好就不再担心其他。可是，最近小明的父母还是充满了担忧。几个月来，孩子的面部似乎很不舒服，甚至好像是面部神经出了问题，左半边脸从眉毛到眼睛角一直到嘴角，总是时不时地挤做一堆儿，然后再快速地展开，频繁做“鬼脸”状。父母担心他养成坏习惯，希望能够让他尽快改掉这个坏习惯。

“我跟你说了多少遍了，你怎么就是不听！你这么做鬼脸，会成为习惯的，成为习惯可就没法改变了！多难看啊！看看，这儿说着你呢，你竟然还不停地挤眉弄眼儿？你做啥鬼脸呀？这样舒服吗？”这时小明发话了：“我就是不舒服才这么挤一下的！”“你不要挤了，听见了吗？”“我控制不住，我也不想这样挤的。”“怎么会控制不住呢？脸在你身上，难道你控制不住，我能控制住？告诉你说，如果这样下去，成为一种坏习惯，再想改可改不回来了！要知道，你这样做，要多难看有多难看！”“……好吧。”“一定要控制住！”

小明被妈妈逼得不得不答应控制。可是，一转过头马上就又做了“鬼脸”。这已经成为小明家的一件大事，放学一见面，不管是妈妈接还是爸爸接，第一句话就是问：“今天又做鬼脸了没有？”小明在家，在父母面前，只要是面对妈妈或爸爸，他就会努力控制自己，不让自己做那个面部动作。但是，他毕竟是小孩子，常常因忘记控制而免不了做“鬼脸”。他无法时时刻刻都想到爸妈的禁令，有时则是忘记了自己的承诺。由于害怕忘记这件事，在家里的时候，小明总是提心吊胆地不住提醒自己不要做、不要做……可是仍然控制不住自己。尤其在学校的时候，没有了父母的监督，反而觉得更加轻松。这样一来，越是在家越紧张，就越是增加了小明不由自主地做“鬼脸”的频率。小明的父母尝试着反复强调，也强制性制止了无数次，但都没有成效。此时，小明的父母终于意识到，小明的情况并没有像他们想象的那般简单，也许孩子真的控制不住自己，或者他真的生病了。于是，他们带着小明去看医生。在用药和理疗之后，小明的症状得到了一定的缓解。小明的父母很高兴，小明的病应当已经治好了。然而没过多久，小明又开始做“鬼脸”了！小明的父母很奇怪：小明的病怎么又复发了呢？到底是什么原因让他得了这种怪病呢？

小明的症状被称为“抽动”，严重的叫作“抽动症”或“小儿抽动秽语综合征”，是一种慢性神经精神障碍的疾病，还有的是“多发性抽动症”。这是指不自主的、突然的多发性抽动，以及在抽动的同时伴有暴发性发声和秽语为主要表现的抽动障碍。男孩子表现这种症状比较多见，大部分孩子于4至12岁之间出现症状。有的孩子表现为出怪声、做怪动作等，而小明则仅仅是做“鬼脸”。孩子无法依靠自己的主观意识控制自己的抽动，身不由己，半边脸就像是木偶或皮影，被一丝细线给控制了。抽动症状先从面、颈部开始，逐渐向下蔓延。不同的孩子抽动的部位和形式也多种多样，比如有的眨眼、斜视；有的噘嘴、摇头、耸肩、缩颈；有的伸臂、甩臂、挺胸、弯腰、旋转躯体等，甚至有的发声性抽动还表现为喉鸣音、吼叫声，有的逐渐转变为刻板式的咒骂、陈述污秽词语等。有些孩子在不自主的抽动之后，逐渐产生语言运动障碍，部分孩子还产生模仿语言、模仿动作、模仿表情等行为。孩子的状况常常有波动性，时轻时重，有时可自行缓解一段时间，抽动的部位、频度以及强度都有可能发生变化。孩子在紧张、焦虑、疲劳、睡眠不足时就会加重症状，而一旦精神放松了，症状就会减轻。这样的孩子一般智力都很正常，只有少部分孩子伴有注意力不集中、学习困难或情绪障碍等心理问题。

关于小明的情况，从遗传学和医学排查证实，他是由于心理压力造成的。小明的父母很奇怪，小明怎么会出现心理压力呢？在医生的建议下，他们带着小明又找到儿童心理咨询师。经过儿童心理咨询师跟小明的父母详细了解，发现小明的父母对小明管得很严，小明很少有时间出去跟小朋友们玩，在家除了读书就是做题，周末还要学钢琴、学画画……几乎一点儿自由活动的时间都没有。

在学校里小明的学习成绩属于中等水平，但是父母要求得严，老师管得紧，小明胆小，总是很担心考试的成绩下滑，让父母不高兴。不仅如此，小明还比较内向，自尊水平比较低，越是这样，却越要出问题。有一次体育课，老师教大家做一个动作，大家基本上都学着做到了，可是轮到他时，由于他特别想做正确、做得好，给了自己过大的压力，不但没做好，反而摔了一跤，把同学们逗得直笑。这样一来，他更加感到尴尬和窘迫。由于以上各种原因，小明渐渐开始面部抽动。

小明的父母很奇怪：心理压力怎么会导致孩子挤眉弄眼地做“鬼脸”呢？孩子遇到心理压力，不懂得释放，也不会表达，有的孩子就会出现一些特殊的身体表现。孩子是用这些怪动作来抵消内心深处的恐惧、焦虑、愤怒或者是抑郁等坏情绪，久而久之成为一个仪式，这才形成了抽动现象。孩子挤眉弄眼，原来是心理压力作祟。

知道了问题产生的原因，那么该怎么处理呢？

小明的这种状况如果持续太久，可能会对他的人格发展产生不良影响，有的孩子即便在抽动的动作得到控制之后，仍然不能适应社会。作为家长，应该懂得在对症治疗的同时，还要注意孩子的心理关怀，比如请儿童心理咨询师对孩子进行支持性心理咨询等，以便帮助孩子和家长理解孩子问题的性质和特征，减缓或消除家庭中的不利因素，改善对孩子的管理模式，从而降低家长和孩子的焦虑，合理安排孩子的日常作息和活动内容，避免过度紧张和疲劳。总体来说，抽动孩子的家长们需要做到如下三点。

1. 仔细倾听孩子的表达。

看看他们的小心思里到底有哪些解不开的心结儿。但是，如果这心结是父母养育方式造成的，或者孩子不会表达、表达不清，或是孩子自己也不知道哪里出了问题，就需要请儿童心理咨询师做心理咨询才能解开谜团了。

有家长问，什么是儿童心理咨询师？跟心理医生是一回事吗？回答是：“不。”心理医生是医生，他们有处方权，有权用药物给成人或孩子治病；心理咨询师不开药，他们用咨询的形式跟成人或孩子一起互动，来解决他们内心的心理问题。虽然两者的工作有交集，但是职责不同，工作方法也不同。儿童心理咨询师，顾名思义，是专门给儿童做心理咨询的心理咨询师。

2. 不伤害孩子自尊。

家长如果发现了孩子的心结所在，一定要呵护孩子的小想法，尽管他们的想法很幼稚、很可笑。每个孩子都会有千奇百怪的、不着边际的恐惧或担心，家长也要正面给予回答，千万不要嘲笑或粗暴纠正，否则孩子不但症状会加重，还会伤害自尊心。

3. 针对发现的问题。

家长要耐心地给孩子做好解释工作，要用孩子能够听懂的语言来说明情况，澄清事实，帮助孩子理解事物的本质。如果孩子暂时理解不了，家长也不能着急，要用平静的表情与温和的语言告诉孩子：这没什么了不起，不必害怕。当孩子看到家长一点儿也不担心的时候，他们自己也就减缓了纠结，抽动的症状也就会慢慢减轻，直到消除。

如果这些都做到了，仍然不能解决孩子的抽动现象，那么心病还需心理“医”（咨询）。儿童心理咨询师才是专业人士，或许他们能够帮助孩子走出困境。

"偷窥"的孩子

小故事

帆帆，男孩，15岁，初三学生，身材高大、魁梧，学习较为优秀，每次考试成绩均在班上前10名，喜欢运动，尤其喜欢踢足球。一次体育课上，帆帆和同学们踢球，一名同学将球踢到距离学校小操场20多米远的教师公寓的背面角落里，帆帆捡球到此，抱起球正准备离开，隐约听到两位女士轻轻的交谈声。他听出其中一位是教自己化学的曲老师。曲老师年轻漂亮，帆帆的化学成绩非常突出，经常受到曲老师的表扬，帆帆很喜欢曲老师每次讲课的神态，长发飘逸、婀娜动人……他下意识地停住了脚步，原来是曲老师与另一位老师在悄悄地谈论夫妻生活的话题，帆帆顿时心里怦怦地跳，他突然意识到这里是卫生间，强烈的好奇心促使帆帆顺着虚掩的窗户缝隙往里张望，正好看见曲老师白皙的下肢，帆帆全身就像被电击了似的……帆帆抱着球回到小操场，几个同学在那焦急地等待着，有个同学还大声地质问他，捡个球用这么长时间……帆帆只是支支吾吾没说什么。从那天起，帆帆每当见到曲老师就不由自主地盯看曲老师的下半身，甚至借请教问题到办公室"看"曲老师，后来发展到，在学校里见到身材苗条的女同学，就不由自主地瞄人家的下半身。帆帆也曾下决心"痛改前非"，还几次用小刀刺破自己的大腿，可效果并不明显，很是苦恼，希望得到帮助。

小分析

截至目前，所谓"偷窥"行为的真正的、深层次的原因，还没有清晰地得到系统、全面、深层次的剖析。根据目前相关科学的发展与分析，"偷窥"的原因，在排除脑部存在严重的器质性缺陷和智商低下等状况外，与如下因素或不充分的发展密不可分。

1. 个体在成长过程中的某些需求及需要没有得到足够的满足。

个体从出生开始，就伴随着朴素的本能需求：宝宝饿了、渴了、不舒服了、需要呵护了就会哭闹；到了婴幼儿阶段时，还出现了一种伴随着“性”本能的需求，以及获取愉悦和快乐满足的欲求。太多的父母和监护人不了解或是人为地忽略了，比如宝宝进食时，偶尔会有一种难以言表的狂喜与亢奋，还有当宝宝排泄时，他会特别激动和兴奋。而与身体性器官部位相关的活动，随着宝宝的成长，在恰当的时候甚至会更令他们兴奋与好奇。如果家长能够留意，很容易观察到小男孩会出现勃起的现象，小女孩会握紧小拳头，两只小腿用力地夹合在一起，身体还会有微汗渗出，这些都是围绕着“性本能”需求的表征，可非常多的父母及监护人并不了解，他们会误解、嘲笑甚至去粗暴地干预孩子的这些正当“需求”，给成长中的孩子留下了缺憾。

2. 某个或某几个成长的阶段品质和习惯没有得到充足的发展。

任何个体对自己以外的任何事物都怀有不同程度的好奇心，这是人作为生命体的自然本能的体现。“窥探”也好，“偷窥”也罢，在成年男子中是个普遍存在的现象，从这点上用“本能”一词可能更恰当。笔者曾经做过观察，在大街上或者商场里遇见穿着“薄、透、露、短”的婀娜女士，凡是擦身过往的以及视线内能够清晰看见的男士们，几乎全部都会被“目标”所吸引，只是目光扫视的方式以及时间长短不同罢了。我们设想，如果离开了“大庭广众”的场所，变成了几个人或个人的私密场所，如果有些个别男士们还想“大饱眼福”，那可就不是简单的道德问题了。所以，我们必须牢记的是，我们生存与立足的社会是有规则限制的，不能因为某一个生命个体的“本我”，去干扰任何他人的“自我”，为此，这就要求在这个处处充满规则的社会中生存的每一个生命个体，都要经过不断地自我修炼而达到“超我”。而能否实现“超我”，很大程度上取决于在每个生命个体的各个成长阶段，所应该具备的各种心理品质是否能够得到充分的发展。这里与本案例密切相关的重要心理品质——“自我控制能力”水平，是在幼儿阶段后期和小学低年级就应当着力培养并逐步具备的心理品质。以笔者的实践经验观察，社会文明的快速进步促进了人类身体素质不断提升，“自我控制能力”的启发与培养在婴儿后期阶段（即30个月前后的宝宝），就可以开始了。

家庭环境及父母与监护人的养育方式，决定着孩子的“自我控制能力”水平，这一点是毋庸置疑的。

3. 青春期孩子出现的“偷窥”行为，大多以“性好奇”偏多。

这个群体在身体成熟阶段，围绕着身体的生理性本能需求，尤其是对有关性知识的渴望，不能得到相应恰当的满足，而且又不能得到父母和其他监护人的有效指导与关注，再加之一些有意和无意受到的不良刺激，比如，一些内容不健康的书籍、视频，还有社会上的一些成年人，不顾未成年人感受的“少儿不宜”的举止、动作等的视觉刺激，更加深了他们的“好奇心”程度。

这个“好奇心”究竟是从什么时候开始的？有精神分析学派的观点认为，幼儿阶段的儿童就开始对他人，尤其是父母的一些所谓的“私密”空间，产生了浓厚的兴趣。这时的儿童开始对自己的“身世”充满了好奇，“妈妈我是怎么来的？”“我蹲着尿尿，可有的小朋友能站着尿尿。”面对这些“幼稚”的问题，家长该如何应对呢？该如何满足孩子的“好奇心”呢？除了耐心、正面、规范地应答，满足孩子对知识以及“好奇心”的了解与“渴望”，别无他法！可是，不少的家长在这方面很欠缺，总是闪烁其词、顾左右而言他，如此，不仅没有传授给孩子必要的普及性知识，还加深了孩子的“疑惑”。从此，就在孩子的心里埋下了“结”。这是家长必须引以为戒的。

上述案例中，帆帆主动请求帮助，这说明他具备一定的自我控制能力，而且还没有“恶化”到不可收拾的地步，对自己的化学老师的“偷窥”，只是出于喜欢、崇敬，不过也不能排除这个阶段学生情感方面的“情窦”初现而移情至化学老师身上的可能性。

帆帆的妈妈要与孩子进行开诚布公的交流，首先告知这种现象在他这个年龄段的孩子身上会有不同程度地显现，这是很正常的事情，无须承担过多的压力，就像妈妈与爸爸之间因为彼此都向对方倾注了感情才有了后面的结合，感情必须是双向的而不能是单方面的。帆帆喜欢化学老师，这是无可非议的，很正常！但老师对他的爱护只是老师对自己学生的呵护，不存在男女爱情的成分。再者，老师已经结婚成家，她需要对自己的爱人负责。另外，他窥探了老师，等于侵犯了老师的隐私，这是不被社会道德规范所允许的。既然帆帆喜欢老师，就应该维护老师的人格尊严不受侵犯，作为老师的学生，一方面向老师学习知识，另一方面也有义务维护老师的尊严不被侵犯，这才是一个有头脑、有智慧、有道德水准的好学生所具备的基本素养。帆帆一定会因此而受到触动。

爸爸与帆帆可从两个“大男人”的角度，以朋友的方式进行平等交流。在现代社会，父亲能够与孩子进行朋友式的平等交流的很少。一组数据显示，能够与孩子进行民主、平等式交流的家长只有 17.6%（这个数据存在地区性差异），太多的家长，尤其是当爸爸与孩子互动时，要么是无为式的零交流，即便交流也是三言两语，要么是专制式的自上而下的说教。87.3%的学生对自己的爸爸有抵触情绪，这其中又有 86.9%的孩子被爸爸抽打过。这是多么令人心酸的一组数据啊！从孩子的成长角度来看，这是万万不可的！

帆帆的爸爸可以直言不讳地告诉孩子，自己在帆帆这个年龄阶段时也出现过这个“毛病”，当时的他也是既担心、又害怕。不过，上生理课时，听到生理老师的一番话，爸爸才恍然大悟。可以说，绝大部分男性都有这种“好奇心”，如果在大街上遇到“大美女”，大多数的男性都会下意识地偷偷看两眼。不过，道德界限是任何时候都不能逾越的。无论是何人都不能对“偷偷看”的对象造成干扰与任何侵害，否则就会受到谴责，严重的还会受到法律的惩处。

相信爸爸妈妈与帆帆的平等交流，及爸爸设身处地与感同身受的共情，很快会打通帆帆的“心结”。

帆帆的爸爸妈妈还应该将彼此的恋爱过程及感情的发展，直至组建家庭的过程向帆帆进行重点的介绍，让帆帆了解什么才是真正的感情；什么阶段产生的感情才是水到渠成的；什么是不成熟的感情；在面对不同情况时应该怎样控制自己的感情。并且强调，人除了感情还有更重要的部分，缺乏了物质基础的感情是无法长久的！作为学生，在当前阶段认真学习文化知识，正是为一个好的未来打好基础。父母应当告诫孩子将精力放到学习上。

今后，帆帆的爸爸妈妈要多与孩子进行交流，安排有意的活动，让孩子的“空余”时间充实起来。同时，积极关注帆帆的情绪变化，营造轻松愉快、和谐的家庭氛围，建立良好的互动关系。如有必要，也可向专业的心理咨询机构进行求助，运用科学的方式及方法帮助帆帆摆脱“困扰”。

娘娘腔的男孩子

小故事

小帅是一个身高1.8米的高二学生，是个认真学习，听老师话的男孩子，从不惹事，学习成绩始终是班里前十名。他是个品学兼优的好学生，只是当他说起话来，就连走起路来，都像个女孩子。同学们就给他起了个外号——娘娘腔。小帅个子高，身材也魁梧，而他的动作忸忸怩怩，就显得很不协调。小帅对于同学们喊他娘娘腔也不以为意，跟同学们关系还相处得都不错。

有一次，小帅上学迟到了大概5分钟，课还没开始上，只见小帅气喘吁吁地走进教室，规规矩矩地站在老师面前解释说："老师，我早上出来后忘了拿外衣，又回去拿，所以迟到了。"小帅的声音细声细语，同来的小帅爸爸也满脸歉意，向讲台上的老师频频微笑点头。

还有一次，上体育课时，男生分组短跑比赛。所有男生都不想与小帅同组，拒绝小帅："你去别的组吧，你在我们组肯定拖后腿。"小帅一脸着急地跟各个同学说："我是'娘'，可我跑得挺快的，你们试试，我会努力跑的，我跑得挺快的。"小帅就像一个受了欺负的小女孩儿，四处哀求着。跟他那个1.8米的大个头儿，反差实在有点儿大。

这样的小帅，以后走入社会，会面临什么呢？小帅将会怎么应对呢？

1. 一个完全没有攻击性的、听话的男孩子，究竟是好还是不好？

小帅是一个完全没有攻击性的男孩子，同学们说他什么，他也只是表达自己会努力的意愿，不会生气，只会委屈。那么一个从不暴躁的男孩子，究竟好不好呢？

首先我们要了解，喜怒哀乐悲恐惊，是人之常情。当一个正值年少、血气方刚的男孩子，只剩下听话、委屈这些情绪时，说明他自主情绪在成长过程中的某个阶段被剥夺了，只有“听话”这个情绪被保留了。如果追溯到家庭成长环境，最大的可能性就是，只有“听话”这种情绪被允许存在。只有“听话”，才是安全的。所以，当一个孩子，完全失去了自主意识，也就失去了创造力和判断力。同时也失去了对于这个世界的好奇心和探索欲。

因为失去了判断力，不能很好地鉴别外在事物的真伪好坏，那么在这个孩子成年后，大部分会比较幼稚，面对复杂的社会，人际交往就会比较吃力。所以，一个听话的孩子于家长而言比较省心，但其实这给孩子带来了很多隐患。

2. 同学们对于“娘娘腔”这个词的适应，会有什么潜在影响？

“娘娘腔”这个词，成了当今学生群体的流行词，形容一个像女孩子的男孩子。但是，这看似带有辱骂和贬低性质的外号对于大部分的男孩子而言却是可以接受的。我曾问过一个很女性化的 18 岁男孩儿，能接受同学们这样喊他“娘”吗？他认为这没什么，像女孩子这一点自己能够接受就行了。我又问他能否接受自己不够阳刚的样子。男孩认为这完全可以接受，没什么不好的。

一个词的流行，一定说明了一个社会现象。当部分男孩子适应了这个称呼时，其内心已经发生了变化。一个男孩子的女性化如果成了风气，其潜在意味着可以少负些责任，可以不用那么坚强，可以不用去承担那么多。但生活的困难其实并没有减少。孩子们负的责任少了，意味着父母也就更多地承担了责任，甚至承担了孩子应该去承担的责任，也就有了“妈宝男”的称呼。无论怎样，这都违背了男性的成长规律，对于这个男孩将来走入社会、组建家庭都会带来一定的影响。

3. 小帅在作为“好学生”成长过程中，究竟得到了什么好处？

一个孩子如果某一方面很突出的话，那么他一定是在这样做的时候，持续得到了“好处”。要么是内心的满足，要么是外在的好处。

孩子得到家长的认可是与生俱来的需求，当家长夸孩子“听话”的时候，孩子就会认为他的行为是好的，是对的，是父母认可的。

但重要的是，当家长感受到孩子听话的时候，当下的那个行为不一定对孩子的未来发展有“好处”，其行为只是对家长的眼前有“好处”。家长需要工作，需要处理日常事务，忙碌疲惫，如果孩子听话，家长就可以省很多心，省很多事，相应的负担也能够减少。由于太过忙碌，家长不能全身心地关注到孩子，因此要求孩子去做的事情，或者不让孩子去做的事情，不一定都是正确的，不一定是经过审视的或者经过深思熟虑的。所以孩子一味地盲从不一定是有利于孩子成长的。养成孩子盲从的“听话”，家长看似省事了，孩子却逐渐失去了自主意识，时间久了，就懒得思考，也懒得抗争了。

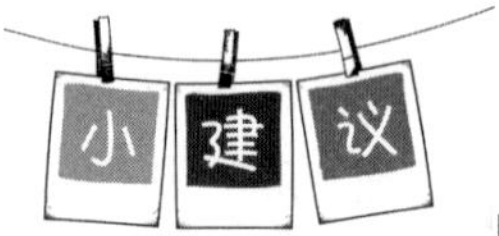

1. 多支持一些孩子自主的愿望，让孩子敢于有自己的主见。

培养孩子做自己的主人，对自己负责，是我们做家长很重要的任务。无论家长多么爱孩子，也不可能跟随孩子一辈子。因此，家长要培养孩子对自己的人生做出规划的能力，让孩子对自己的行为负责。

当孩子做了一些决定的时候，只要家长评估后，认为没有大的风险，就多鼓励孩子去尝试。孩子可以在自我主张的行为中获得成就感。如果在行动中出现了什么问题，家长可以积极与孩子共同讨论解决办法，让孩子提升抵抗挫折的能力，孩子慢慢会学到，不是什么事都会一帆风顺。通过努力克服困难后的成就更让孩子有价值感，更能增加孩子的自信心。

2. 给孩子一些发泄心中不满的方法，培养孩子内心的力量感。

要允许孩子不满，允许孩子持有不同的意见，不要一味地要求孩子顺从。习惯顺从的孩子，会到处找“命令者”，当有一天，身边没有人再命令他去做什么时，他会很茫然，不知道自己该怎么做选择，日子久了，孩子自己也懒于思考了，这是个恶性循环。

在大部分的家庭中，父母可以允许自己跟孩子发脾气表示不满，但是不会允许孩子发脾气。当孩子发脾气的时候，会受到批评或者严厉制止。虽然父母的压制让孩子不发脾气，但其内心的不满仍然存在。久而久之，会产生两种结果：一个是压抑久了，放弃抗争，怎么样都行，无所谓；另一个是，内心总是充满愤怒，只要有机会就会爆发。而爆发的对象可能不是他愤怒的直接原因，只是借题发挥，这样就会伤害到他和周围人的关系。

比较好的解决办法是，在平日里，当父母发现孩子有不满情绪的时候，要及时跟孩子交流沟通，了解孩子究竟哪里不满，引导孩子的情绪及时得到宣泄，获得内心的平衡。在情绪的不断梳理过程中，会增强孩子处理情绪的能力。当一个孩子可以逐渐把控自己情绪的时候，就会获得内心的力量，有助于处理好人际交往。

3. 学会担当，是每一个男孩子的必修课。

为什么现在越来越多的男孩子“娘”了起来？这是因为他们在从小到大的成长过程中，从来没有需要他们去承担的责任。比如，吃饭有人端到眼前，衣服有人洗、有人整理，在学校遇到什么事都由家长去处理。

所以，这样的孩子成年后，根本不知道他们需要负什么责任。家长们误以为孩子长大了之后能够无师自通，其实不然。一个孩子成年之后，听到老师与家长提到的有关责任的事情，只会接收相关的各种道理和故事信息，并不能意识到这些责任与他们自身有什么关系。因为在他们的成长历程中，从没有与责任产生过直接联系。他们最多是大脑层面的听到，而不会落实到行动上。

父母如果真爱孩子，就应该从小培养孩子的责任心，特别是男孩子，要培养其担当的意识。无论是国家还是小家，男人应该是一家人的脊梁，是撑起一个家的主心骨，男人本应就是力量、阳刚的代表，培养孩子首先对自己负责，而后对他人负责，成为一个对社会有用的人，是家长的责任。

爱生命＋求创新是成长之乐

把批评当作表扬的孩子

小故事

在学校门口，丽丽妈妈的目光透过匆忙穿梭的家长和孩子的身影，寻找着丽丽的小小身姿。心中满是忐忑，默念着：“今天可别再被留校！今天可别再被留校……”丽丽今年刚刚上小学，三个月来，她就像一部完全不配套的零件被安装在一部大机器上，运转起来几乎没有一天不出故障的，最近更是被各科老师连续请家长。丽丽妈妈心里又是急、又是气，而更多的则是担心。她把老师反映的问题每天跟丽丽反复嘱咐，丽丽每次也答应得非常痛快，可是一到学校就我行我素，该犯的错误一个都不会少。尤其让丽丽妈妈头疼的是，孩子似乎没有“羞耻心”，对那些不光彩的事一点儿也不知愁。有一次，她回家后跟妈妈炫耀：“今天老师对我特别好，她只让我一个人去她的办公室。别的同学都不让去。”丽丽的母亲十分无奈，丽丽竟然误认为老师把她带到办公室“单兵教练”是对她好！丽丽妈妈感慨，丽丽真是把羞耻当作光荣了。她非常无措，不知该如何处理，面对这么“不开窍”的女儿，丽丽妈妈直想哭。忽然间，丽丽妈妈面前出现一个小女孩，好像是丽丽的一个同班同学，站在她面前问：“您是丽丽的妈妈吗？”

“是啊。”“老师说请您到她办公室接丽丽呢。”说完小女孩就走了。丽丽妈妈的心一下子又沉到了深渊。结果可想而知。今天丽丽不仅犯了错，4 个老师都对她颇有微词；在全校大会上，只有她一人在不停地动，连校长都在台上着急了，直问这是哪个班的学生？怎么这么没纪律，弄得连班主任老师都很没面子。听到老师这些反映，丽丽妈妈又气又恨——丽丽的错误竟然还连累了老师。丽丽妈妈就好像是自己做了错事，一时间羞愧难当，在连声道歉的同时，恨不得有个地缝能够钻进去……

丽丽从小一直是在姥姥、姥爷家，跟着妈妈一起长大的，爸爸平时在外地，只有周末才回来，尽管父亲很少能够陪伴女儿，但是父女俩感情很好。当然，妈妈、姥姥和姥爷跟丽丽更是亲密无间。那时候的丽丽是自由的，她已经习惯于这种无拘无束。尽管她在上幼儿园期间也很淘气，却是被老师们所接纳和喜欢。因此丽丽几乎每天都是快乐的“放养”状态。但是，从开始上小学的那天起，情况就完全变了样。丽丽似乎完全不能适应学校的学习生活，或者说她还活在无拘无束的幼儿阶段。丽丽妈妈有时急得情绪失控，对丽丽屡教不改、一犯再犯的错误，丽丽妈妈凶狠地跟丽丽签订口头“君子协定”：第一次犯，提醒；第二次犯，罚抄写；第三次犯，按年龄惩罚——6 岁罚站 6 分钟，说到做到。可是，即使是这样，效果也仍然不佳。同时，丽丽妈妈感觉到孩子越来越怕自己了。丽丽妈妈并不希望让女儿害怕自己，无奈的是家里其他人都不管，只好由自己来充当这个管理者的角色。鉴于女儿这种状态，丽丽妈妈早已把要求放到最低，即使丽丽的学习成绩最后一名都可以接受，只要她能将课堂上最基础的要求达到。第一次考试的卷子下发后，丽丽竟然忘记带考卷回家。丽丽妈妈问她后，她只是若无其事地说：“我忘了。”

爸爸回到家也帮不上忙，他只会跟女儿温馨谈话。每次爸爸回家，丽丽就会跟爸爸哭一会儿，每周都盼望爸爸回来。似乎在她小小的心思里认为“妈妈不爱我了。”丽丽妈妈性子急，丽丽性子慢，相处十分不利。虽说被赏识的孩子有利心理发展，但是，从小到大一直没有经受过挫折，现在却为学习所困扰的丽丽总是表现得十分痛苦。她只会同妈妈抱怨说：“妈妈，我学不会。”为了帮助丽丽学功课，丽丽妈妈都要亲自将课文背下来；全家都不看电视，为她提供一个安静的学习环境……可是丽丽在学校里不听课，再怎么弥补也很难适应学校生活！每当问到为什么在学校里不听课时，她总是有借口，或是上课牙疼，或者在画画。

让丽丽妈妈不解的是，丽丽怕妈妈，在学校里却天不怕地不怕。开学以来竟然丢了一整盒橡皮，还在书上乱画。丽丽对自己的想法也直言不讳，直说上课无聊，从不否认自己上课玩耍的行为。她把批评当成表扬。

小分析

刚刚上小学的孩子容易出现各种各样的问题，这是孩子在成长中遇到的人生一道坎儿。但是就丽丽来说，她的表现也颇为典型。根据她生长的环境和养育方式来看，丽丽所有的表现，比如讨好妈妈、把老师的批评当作“好事”、上课走神、涂鸦、不想写作业、不拿回试卷……这都是她在焦虑的母亲面前不知所措，甚至已经感受不到妈妈对她的爱所导致的，或者说，这些反常现象是孩子对妈妈发出的求救信号。

按照时间线进行分析可以看出，妈妈的严厉，是从上小学之后才开始的，过去没有谁去“管理”她，没有对她要求太多，因此她已经习惯了“自由”。现在上小学了，丽丽自己也会十分惊讶，为什么妈妈忽然这么凶？为什么她没有了笑脸？因此丽丽直观地认为：“妈妈不爱我了！”对于这么小的孩子来说，失去妈妈的爱是不可接受的现实，是类似“自己也活不下去了”的天大的事情！

也许一些家长不明白：父母怎么会不爱自己的孩子呢？事实上，从一个六七岁孩子的角度看，父母爱与不爱自己，是需要从他们自己的感受来决定的。由于丽丽一直习惯于“我行我素”的所谓自由生活，在她看来，人生就该永远这样。可是当她开始上学后，发现妈妈开始对自己大喊大叫，凶狠无比，这是以前从未有过的现象，在她小小的心思里，仍然渴望妈妈能够像过去一样对自己是温和的、包容的，可是，那样的妈妈再也回不来了。她很失望，陷入极度痛苦中，她的小脑袋里整天想的不是上课老师在说什么、教什么，而是如何让失去的好妈妈再回来。由于担心自己在学校犯的错误被妈妈责骂，她居然想出用“被老师格外优待”的先入为主的“谎报军情”来掩盖她明知那些不好的事情，以期让妈妈不生气，不发火。不能不说这正是丽丽聪明的一面。但是，这种表现是一种畸形的讨好，是可悲的。长此以往，丽丽的心理发展会走向歧途。一个六七岁的孩子当然明白不该被老师批评，她也明明知道被老师带到办公室不是什么好事情，可是因为妈妈对丽丽的管理方式过于生硬，逼迫小小的丽丽就开始寻找解脱自己的方式，这往往跟孩子为摆脱某种窘境而“说谎”是同样的道理。

妈妈都爱自己的孩子，很多父母都这样理解：因为爱才有要求。但是丽丽妈妈对孩子这种爱的方式是六七岁孩子无法理解的，当丽丽面对妈妈紧张焦虑乃至愤怒的面孔时，感受到的只有恐惧。每个家长都难免跟孩子着急发火，这很正常，英国精神分析家温尼科特说：“给他爱，这是完全不够的……只有当他体验到被恨以后，他才能相信自己得到了爱。”正因为父母对孩子有爱也有“恨”，才更容易让孩子感受到父母对他们的爱。那么问题来了：既然家长对孩子的管理（有时表现为恨）是正常的，那么为什么有的孩子就不会出现问题，或问题比较少；而有些孩子就会出现问题呢？根本原因在于，家长在对孩子发火之后，仍然能表达对孩子的爱，并且能够让孩子理解到父母仍然爱他，这样就能够让孩子放松下来，去感受那更深刻的爱，孩子的心理就能健康发展。丽丽妈妈对丽丽的“恨”完全是自然表现，只是过多叠加的焦虑使她没办法向孩子表达爱，因此孩子终日失魂落魄。

小建议

1. 爱孩子。

对于丽丽这种似乎是“扶不起的阿斗”的状况，我们只要理解到孩子的小心思，并不是幼稚，也并不是真的把批评当表扬，她并不傻，反而是很聪明的表现。解决的办法应该有很多，但是最根本的办法，还是把爱还给孩子。我们不得不承认，我们并不是一如既往地对孩子有耐心，再有耐力的父母也会在“难以管教”的孩子面前气得发疯。那么，家长“发了疯”，又如何指望孩子能感受到爱？所以，只有妈妈适当改变态度，必须注意到，这个改变是适当的。没有人能要求父母在任何时候、任何情况下都能保持同一种态度，适当即可。当我们觉察到我们自己的情绪波动比较大，甚至是难以有效控制的时候，应该站起身，暂时离开孩子，到洗手间用冷水洗洗脸，冷静一下，等自己真的静下来，再以平和的语气、声调、表情，并以更加缓慢的语速跟孩子重新沟通，以便让孩子在感受到妈妈还是原来爱我的妈妈的同时，能够听懂她在说什么，了解自己该怎样做。这需要父母有很强大的内心控制力，而这也正是我们做父母的光荣使命，也是对我们自己提升的一个过程，是非常值得努力的。

2. 态度变。

管理态度上的改变，是根本的改变。当孩子重新感受到妈妈的爱之后，就会随之有所改变。相应地，管理方法和模式上的改变，就会让孩子有更好的表现。比如在批评孩子，指出她的缺点之后，不管自己有多生气，最后都能稍加平复，跟孩子说一声：“不管怎样，我还是爱你的。我希望你能改正错误，那样我会更多爱你一点儿。”这句话对孩子内心触及很深，孩子会为了这个目标而去努力改变，因为她知道，用其他技巧骗取妈妈的暂时喜欢，远不如按照妈妈喜欢的样子去做更能博得妈妈的欢心。

3. 卸包袱。

如果有妈妈的爱作为孩子内心力量的支撑，她也会在学校里安心跟随老师的教学节奏，按部就班参与其中。这是因为，她心理上那个沉重的包袱已经卸掉，没有什么特别重要的事情让她分心了。

4. 多鼓励。

每当孩子做得更好了，哪怕只是一点点进步，妈妈就应当立即夸奖她：“老师说你今天在课堂上只说了 3 次话，比昨天好，因为昨天说了 4 次。有进步！”这种夸奖的方式叫“积极关注”，对于经常犯同样错误的孩子非常有用。关键是夸奖一定要实、一定要具体，而且并不是非要做得正确才夸，而是有了哪怕一点点进步，或者仅仅是少犯了点儿错误，就立即抓住这“积极点”进行鼓励，让孩子知道怎样做才是正确的。

不敢发声的孩子

小故事

小明今年14岁，上初中二年级，最大的爱好就是音乐，能弹一手好吉他，边弹边唱，经常代表学校参加各种汇报表演，因此成为一个远近闻名的小明星，大家都夸奖他是天生的表演家。其实，在小明心中也有这样一个梦想，他最喜欢的歌手是齐秦，尤其喜欢他悠扬空阔的嗓音，小明希望自己能成为像齐秦那样的唱作歌手。

然而近半年来，小明发现自己突然无法把控自己的声音了，原来很容易演唱的高音部分，现在唱不出来了，使劲唱上去后也感觉声音很难听，为此他感到烦恼和失望。更让人忍受不了的是，小明发现自己的说话声音似乎也变得奇怪了，好像人们说的“公鸭嗓”，这让他情绪更加低落。在以前的课堂上，小明经常能够大胆表达自己的想法，现在却不敢举手发言了。即使老师叫到他，也是支支吾吾不情愿回答，放学后自己一个人很快就溜回了家，朋友们喊他，他也充耳不闻。

大家都很好奇，以前那个阳光活泼的大男孩为什么突然变得寡言少语，闷闷不乐。小明到底怎么了？

小分析

1. 青春期有一个正常发育的阶段——变声期。

变声期是青春期特征的一种。变声主要是人在发育过程中咽喉在性激素的刺激下逐步发育而成熟形成的。我们说话唱歌所说的嗓子其实就是喉，它是十分重要的发音器官。嗓子是下呼吸道的门户，它是由软骨构成的支架与声带、室带组成的。发音时气流自肺腑呼出冲击声带，在经过喉腔、咽腔、鼻腔及胸腔的共鸣作用发出不同的声音和语言。

声带发生变化是变声期的一个重要表现。在儿童期，男女喉部发育基本相同，声带长短一致，约 6~8 毫米，在变声期时，声带不仅急剧增长而且显著增宽，一般男孩的声音要比原来降低一个八度；女孩则降低三度左右。女孩的喉部变得狭小，声音变短而薄，震动频率高，所以音调高而细；男孩的喉腔较大，声带较宽厚，所以音调就较为低沉而粗。因此在变声期时，说话唱歌声带都容易出血、水肿、声音沙哑，有时还会感到喉部不适。一般这种变声期维持数月至一年左右。

青少年变声期有三个阶段，即变声初期、变声中期（即变声的旺盛期）和变声后期。

变声初期。这个时期的青少年，生理变化尚不太明显。他们的声带已有了轻度的充血现象。主要表现为发声的持久性差，容易疲劳，声音不太稳定，唱歌时感到很费力。男生在这个时期喉部及甲状软骨没有明显的变化，声音仍为童声，只是有些沙哑、粗糙。女生在变声初期往往会感到声音涩滞，大约 1~3 个月以后，声音才逐渐变得丰满，假声也逐渐明显起来。

变声中期。这个时期的青少年，生理变化十分明显。声带呈弥漫性充血及水肿状态。声带后端闭合不全，故发声不易控制，音色也变暗变哑，歌唱时容易产生嘶哑和破音，甚至出现失声现象。所以这时期特别要注意歌唱的用嗓卫生。男生在这个时期喉头迅速增大，声带增长（约比女生声带长出三分之一）、变厚，胸声增多，声音也逐渐变得低沉（约比女生低一个八度）。女生在这个时期由变声所引起的症状虽然没有男生明显，但声带、口鼻、咽腔黏膜均有分泌物。这一时期对他们应细心照顾，尽量消除其变声的障碍。

变声后期。这个时期的青少年，生理变化趋于缓和。声带充血等一系列症状逐步消失并基本定型。其声音已基本上接近成人的声音，男女之间的音色差别很大，通常表现为八度距离，同时声部的特点也非常明显。此时喉部组织结构的发育逐渐完成，男生的喉结明显突出。

2. 变声期的长短、表现症状因人而异。

从年龄上来看，男女生各自变声的年龄并不一致。一般来说，发育得早，变声期也来得早。女生在 13~15 岁，平均比男生提前一年开始进入变声期，过程也要比男生短，症状表现不明显。男生均在 14~16 岁开始变声，整个变声过程较长且症状多而明显。变声期的完成，女生最迟 16 周岁，而男生要到 18 岁才可趋向完成。但经历了正常的变声期过程后，男生声音通常比变声期前低一个八度，音域扩大，音色浑厚。女生的音域虽也变宽，但音高上却无显著的变化。

由此可见，变声期是一种必然的生理变化过程，并且男女生之间的变声过程及特点明显不同。而其中有些孩子变声期前后对比格外强烈，比如我们前面故事中的小明，为此可能造成一定的青春期心理负担，但是这种情况并不仅仅与变声这一独立现象有关，也是整个青春期心理特点的一个缩影。

3. 变声期青少年的心理特点。

变声期是性的成熟期，由于性激素的增多，促使性的成熟和发生器官的变化。生理上的变化使青少年产生一种好奇心和半懂不懂的朦胧意识。这一时期的青少年自尊心特别强，易激动，不易控制情感，喜欢独立处理问题，但还是比较幼稚。同时开始对异性产生好奇心和爱慕之情，但又不愿意接触异性，表现腼腆，或者干脆回避谈论异性，不愿表现自己的心理活动。这一时期的女孩开始有害羞感，喜爱打扮，举止变得文雅、秀气，有的还爱哭爱笑；而男孩动作变得粗犷，喜欢谈论女生，爱在异性面前表现自己等。

由此可见这一时期的变化在一些孩子身上表现为喜悦兴奋，认为自己终于长大了，喜欢特别表现出自己的性别特征，而另一些孩子则恰恰相反，表现为自卑和退缩，隐藏自己的性别特征，这些现象都可以用美国著名发展心理学家埃里克森（Erik H. Erikson）提出的“人格发展理论”来解释。

埃里克森的人格发展理论将人的一生从婴儿期到老年期分为八个发展阶段。其中12~18岁被称为青少年阶段，这一阶段的核心问题是自我意识的确定和自我角色的形成，又称为“同一性确立”。“同一性”这一概念是埃里克森自我发展理论中的一个重要组成部分，是指个体在寻找自我发展中，对自我的确认和对有关自我发展的一些重大问题，诸如理想、职业、价值观、人生观等的思考和选择。进入青春期，青少年的心理和身体都经历着“疾风骤雨”般的变化。这种变化首先震撼了青少年自身，他们对自身的关注变得敏感，诸如“我是谁”“我想成为什么样的人”等问题引起几乎每个青少年的思索。因此，尽管其表现千变万化，包括本案例中小明对变声的敏感，但本质上都是青少年种种尝试性的选择，致力于回答内心对同一性问题的思考，并不断地探索以积累起有关他们自己和社会的知识去回答它。一旦他们获得了这种同一性，就长大成人了。

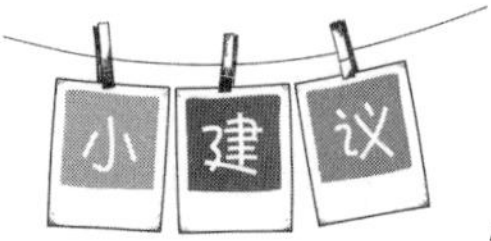

1. 向孩子介绍变声期的基本知识，解除孩子的心理负担。

学校应安排课程专门向学生介绍变声期的基本知识，让学生明白变声期的出现是一种正常生理现象。同时还应该向学生讲解青春期的各种现象和知识，让孩子更好地了解自己的身体和心理。在我国，传统的生理卫生教学有很多不足，回避对青春期问题的正确讲解，或者通常给学生发一本教材进行自主学习，家长在这方面也基本不闻不问。这种方式和态度是错误的，具有严重的误导性。这容易使处于寻找自我同一性时期的青少年产生矛盾和迷茫的心理，因此产生了很多不必要的心理问题。所以，家长和老师首先应该了解这方面知识，再正确传递给孩子。通常来说，及时进行正面教育之后，伴随着知识的增长，理智的发展，孩子们的好奇心和朦胧意识会得到正确理解和正确对待，即使遇到不良的刺激也能免疫。

2. 正确的教养方式陪伴和帮助孩子认识自我、认识社会。

青少年的自我同一性是前几个阶段发育的延续，包括婴儿期、幼儿期和儿童期。这些时期孩子的发展都离不开家庭环境和亲子关系的作用。父母是儿童早期认同的对象，青少年自我同一性的形成首先要综合这种早期认同。如果父母的价值观、人生观、生活态度是错误和混乱的，势必会影响孩子自我同一性的形成。父母与子女之间进行开放的交流、营造民主的气氛有利于青少年正确认识自我，由此能够对有关自我的发展进行思索，自主地选择自我的发展道路。相反，父母对子女过于溺爱或滥用权威都不利于青少年自我同一性的形成。过于溺爱的父母事事都替子女做出安排，不给孩子进行自我探索的机会；而过于严厉的父母可能会使孩子屈从自己的意愿。这两种情况都不利于青少年自我同一性的建立。

针对本案例中小明的困惑，父母既不应该嘲笑孩子的大惊小怪，也不应该表现对孩子发育的过分焦虑和紧张，而应该耐心地解答孩子的疑问。同时鼓励孩子以正面的态度应对问题，促进孩子的自我认同和自我发展。

3. 变声期声带保养的注意事项。

首先，应当正确使用嗓子，不要过度滥用嗓子高声喊叫或无节制地大声喧哗，尤其注意不要过度唱歌。青春期用嗓过度可能导致终生声音嘶哑。

其次，要避免着凉、感冒，尤其要注意冬天的保暖，尽量不要穿低领衣服，注意脖子保暖从而避免口腔、喉部受冷。着凉、感冒都会加重声带的肿胀和充血。除了注意随天气变化而适时增减衣服和被褥外，适量参加一些体育活动。每天进行体育锻炼增强体质，对声带的健康生长发育也大有好处。但是，要避免过量运动。这是考虑到运动时声带及肌肉容易疲劳的因素。

最后，应劳逸结合，生活有规律，保证睡眠充足，饮食有度。不要熬夜，每天保证 7 小时以上的睡眠时间。不要吃带有刺激的食物，如辣椒、蒜、葱等，此类食物会刺激嗓子，使嗓子充血、红肿。如果很喜欢吃冷饮和热茶，在变声期也要多加注意。

此外，还要注意在青春期的孩子可能会沾染上抽烟喝酒的不良习惯，烟酒会直接造成呼吸系统的病变，常见的症状有咳嗽、声音嘶哑等，都会对嗓子有所损害。

胆小怕生的孩子

小故事

尽管4岁的霖霖长得很壮实，可是无论走到哪里，他总是胆小地牵着妈妈的手不放。一次妈妈和他坐在公园的椅子上玩手机，无意中看到了霖霖最熟悉的小朋友走过来，妈妈高兴地对儿子说："你看这是谁呀？"妈妈以为孩子会很高兴地跑上前和小朋友一起玩儿，但没想到的是，霖霖紧紧抱着妈妈的胳膊始终不肯撒开。小朋友看到了霖霖，高兴地跑过来想要拉他的手和他一起玩儿，结果霖霖竟然躲到了妈妈的身后。"你这孩子真没出息，快去跟小朋友玩儿啊！"妈妈想推霖霖过去，霖霖却更紧地拽着妈妈的衣角不松手。"你真没用！胆子这么小，真是没用。你再总黏着我，我就不要你了！"说着，妈妈生气地用食指点怼霖霖的头。

霖霖的爸爸常年在外地工作，一般要一两个月才回家一次，平时是妈妈带他，有时妈妈忙也经常把孩子放在爷爷奶奶家或者是邻居、朋友家帮忙照顾。看着孩子一天天长大，好不容易盼到霖霖终于上了幼儿园，妈妈这才可以松口气了。可令妈妈没有想到的是：随着年龄的增长，孩子不但不是越来越独立，反而变得更加的胆小，这让妈妈很苦恼。

小分析

1. 安全感的缺失导致孩子心理能量不足。

导致幼儿安全感缺失的原因之一是频繁更换抚养人。孩子在幼儿时期内心最大的需求就是得到足够的安全感。现在很多父母忙于工作，无暇照顾年幼的孩子。于是，要么请保姆来帮忙照顾孩子，要么放在爷爷奶奶、姥姥姥爷或者邻居朋友家轮流照顾。孩子最渴望父母的陪伴与关心，但对于一个把母亲视为生命的保护神的幼儿来说，看不到亲爱的母亲，心里会十分不安，再加上不断地更换照顾他的人，这会极大地增加他内心的不安，孩子当然会感到胆怯。

导致幼儿安全感缺失的原因之二是缺少父母爱的陪伴。一边玩手机一边坐在孩子的身边看着孩子，这样的场景我们在太多的场合看到过。在公园、游乐场、家庭，甚至很多父母陪着孩子睡觉时都在玩手机。有时孩子闹着要妈妈陪，妈妈就会很反感，甚至为了不让孩子打扰自己玩手机，就干脆也丢给孩子一个手机一起玩儿。然后当有一天我们的孩子提出质疑："你都没好好陪我！"这个时候我们的父母会说："我一直坐在你的身边，难道不是陪你吗？"

最成功的亲子教育就是陪伴。所以，不管如何在为生活而忙碌奔波，在陪孩子这件事上都不能偷懒与懈怠。陪伴不是陪同、不是看管、不是物质满足，更不是说教和监督。陪伴是要全身心地融入孩子的世界，接纳他，建立起与他沟通的桥梁，与他一起分享他的快乐、悲伤、苦恼、困惑……在孩子需要的时候给予帮助和支持，在孩子不需要时当一个好的听众或观众，了解他的心理需求，尊重他的意愿，信赖他的能力。如果一味地把孩子交给手机，没有妈妈全身心地爱的陪伴，孩子会因为缺失安全感而变得越来越孤僻，也越来越胆小。

导致幼儿安全感缺失的原因之三是孩子常常被家长训斥、恐吓。不少父母会疑惑平时在家里活泼可爱的孩子，为何一到外面或者是遇到陌生人就不愿说话，有时还躲躲闪闪的，为什么会出现这种现象呢？这其中的一个原因是孩子常常受到家长的指责和呵斥。不要认为孩子不明白家长在说什么，其实发展中的孩子对于大人的评价非常敏感。

这类孩子通常有过说错话或做错事而受到指责和呵斥的经历，他在一次又一次被否定之后，也会自我否认：我是一个没用的孩子，我是一个胆小鬼。渐渐地，孩子就会在妈妈的"咒语"中真的成为了胆小的孩子。当孩子胆小，不愿离开妈妈时，妈妈的故意推开，或者吓唬孩子说：“你再总是黏着我，我就不要你了！”这种恐吓的话对孩子伤害很大，孩子会信以为真，认为妈妈真的是不喜欢自己的，妈妈会抛弃我，这会给孩子幼小的心灵造成深深的伤害。

2. 父亲角色的缺失。

在家庭中，父亲和母亲扮演着不同的角色，对儿童心理的发展发挥着不同的作用。那么父亲的作用是什么呢？研究认为，父亲对于一个孩子的心理发展，特别是对于其自我认同具有重要的作用：父亲帮助孩子从心理上与母亲分离，教他们控制自己的冲动，学习各种规范和规则，同时父亲还能帮助母亲避免过度情绪化地处理她和孩子之间的关系。

对于男孩来说，随着年龄的增长，他对父亲影响的需求也不断增强。父亲角色理论则认为，父亲在幼儿成长中最基本的角色是作为一个玩伴，父亲的主要抚养行为是与幼儿游戏。幼儿与父亲的游戏使儿童逐新摆脱对母亲的依恋，诱发幼儿对外部世界的好奇；而成功的探索经验又会使他们获得信心，面对陌生环境时表现出勇气。父亲缺失会使幼儿缺少与父亲游戏的经验，缺少与父亲之间的激活关系，进而影响幼儿心理的发展，变得胆小而懦弱。

3. 生活圈子过于单一。

孩子大多数时间都是跟最熟悉的爸爸妈妈在一起，爸爸妈妈很少给孩子提供与陌生人，特别是与其他小朋友交往的机会。

甚至在很多家庭里，更是爸爸常常忙于工作和应酬，在孩子身边经常只有妈妈一个人。如果家里忽然有人来访或者是外出看到很多人，孩子就会表现出局促不安、紧张胆怯。

小建议

1. 培养孩子的独立能力从增强安全感开始。

给予孩子积极正向的鼓励和肯定。父母对孩子应多加鼓励，尤其对于他的优点、正确的行为要及时给予夸奖。如案例中的霖霖，妈妈可以鼓励道：“妈妈看得出来其实我们霖霖特别渴望和小朋友一起玩，来！妈妈陪你，咱们和小朋友一起玩儿，相信你一定玩得特别开心！”当孩子第一次独立和小朋友玩时，妈妈也要给予大大的赞赏和肯定。

在平时生活中，爸爸妈妈也要有一双发现“美”的眼睛，只要看到孩子有好的表现或者有进步的地方，都请不要吝啬你对孩子的赞美与夸奖。只有经常得到家长肯定的孩子，才会变得自信、阳光和快乐。

给予孩子高质量的陪伴。陪伴是最长情的告白。对于孩子而言，被陪伴是一生之中最温馨的时刻。然而，陪伴也需要一定的技巧，不是找个人来陪着孩子就行了，也并非是陪在孩子身边就一切万事大吉。

如何高质量地陪伴孩子？首先，要由爸爸妈妈亲力亲为陪伴孩子。在陪伴时，爸爸妈妈要放下手里的工作、手机，专心地陪孩子读书，玩耍，每天跟孩子分享一些趣事。其次，陪孩子玩，真正和孩子亲密相处。比如堆积木，不仅可以锻炼孩子的动手能力和手脑协调性，更主要的是和家长一起完成，这会让孩子更开心。再次，和孩子扮演故事中的角色，让孩子理解故事内容的同时，孩子也锻炼了口才，和父母的互动中会让亲子关系更加紧密。最后，当孩子把自己获得的小礼物、小奖状或者是自己做的一样小东西拿到父母面前，等待父母夸奖的时候，请给予孩子充分的关注和肯定，千万不要敷衍孩子，而是夸奖孩子做得好的具体的行为或者是好的表现。

2. 让孩子时常感觉到爸爸就在自己的身边。

当爸爸或妈妈一方因为工作等原因不能经常陪伴在孩子的身边时，可以利用网络来与孩子建立情感的连接。比如案例中的霖霖，晚饭后可以与爸爸进行视频聊天，和爸爸说说今天在幼儿园发生了哪些好玩儿的事情？爸爸也可以问问孩子今天有什么好消息来和爸爸分享吗？当然，爸爸也可以把自己在工作、生活中发生的有趣的事情来和霖霖一起分享。

与孩子在一起的时候，妈妈也尽量多地和孩子提起爸爸。比如：当孩子堆了一个雪人，妈妈可以这样说："哇！你太厉害了宝贝，堆了一个这么大的雪人。咱们赶紧拍个照片，给爸爸一个大大的惊喜！"或者当孩子做了一件"了不起"的事情时，妈妈可以说："如果爸爸知道了，一定会特别高兴，我们一定要和爸爸一起来分享这个好消息啊！"妈妈时常把爸爸挂在嘴边，孩子就会时刻把爸爸放在心中，孩子感受到的是爸爸对自己的爱和关注一直都在包围着他。

当孩子有一件事情没有做好时，妈妈借此可以举一个爸爸曾经有类似的事情也没做好，后来是如何通过积极努力，坚持不放弃，最终成功的事例讲给孩子听，让爸爸这个榜样的力量和自信的信念在潜移默化中传递和种植在孩子的心里。

3. 经常带孩子接触外界。

中国蒙台梭利专家学会早教委员会主席王惠文认为，放弃"圈养"，多为孩子创设外出活动和与人交往的条件，放手鼓励孩子和周围的小朋友玩耍，让孩子在和陌生的小朋友的交往中自然地提高交往能力。譬如：和左邻右舍打声招呼，问个好；和熟悉的小朋友一起玩游戏；再慢慢过渡到走亲访友，去公园和同伴嬉戏，利用乘车、散步的机会和陌生人接触等。使孩子有机会接触各种各样的人，有机会学习一些社交的礼仪和规矩，让他们体会到与人交往的乐趣。

一开始妈妈可陪伴在旁与孩子们一起做游戏、讲故事，鼓励孩子与小朋友交换玩具或物品，当彼此熟悉之后妈妈可以慢慢退后，让小朋友们自己玩，使孩子享受集体的快乐和交换玩具的乐趣。

同时，爸爸妈妈还要鼓励孩子在陌生环境中控制自己的情绪，如果孩子确实害怕时，千万不要嘲笑孩子胆小或没用，而要及时给予孩子微笑、抚摸或拥抱，爱护孩子的自尊心，培养孩子的自信和勇气。

每月困惑的孩子

小故事

小琪是一名学习成绩优秀的初二女生。班主任发现，小琪每个月都有一天会因为腹痛、恶心而无法继续上课，需要请假回家。有一次，她甚至没忍住在课堂上呕吐了。然而，第二天，小琪又像没事一样，完全恢复到先前活蹦乱跳的样子。班主任关切地向小琪询问情况，小琪表示，自己每个月生理期时，肚子就会出奇地疼，有时会引发头痛、恶心等症状，而休息一天，就能缓解很多。班主任又向小琪妈妈了解情况，得知小琪并没有痛经的症状，每次请假回到家，上趟厕所立刻就好了。体育老师反映说，班上有的女同学碰到生理期会请假不上体育课，而小琪从来没有过，跑赛、跳远等比赛统统不耽误，体育老师还曾经担心小琪生理期运动过量对身体造成损害。小琪的表现离生理性痛经还有相当的距离；然而，如果不是生理性痛经，那小琪每次生理期时的腹痛、恶心又是怎么回事呢？

小分析

孩子身体某部位疼痛、恶心，有可能是心理压力所导致的。在这种情况下，吃药是没有效果的，甚至会加重原来的症状，带来药物副作用。我们都知道，真正痛经的女性连走路都会感到痛苦，更别提完成长跑比赛了。小琪的这种情况虽然有类似于痛经的症状，但持续时间过于短暂，回家上个厕所就能恢复，而且还能照常上体育课，显然不是生理上的问题。那么，就要考虑小琪是否有相关的心理压力。

青春期的性心理压力来源十分广泛，需要家长在尊重孩子的基础上循循善诱，引导孩子表达出自己的压力所在。

在学校心理老师的帮助下，小琪向老师和妈妈提到，当她第一次来例假时，妈妈说了一句：“唉，我的孩子长大了。”小琪从妈妈的语气里听出了一丝失望。虽然不明白妈妈失望什么，但从小被妈妈严格管教、渴望得到妈妈认可的她，还是感觉到自己来月经这件事“似乎有点儿对不起妈妈”。接着，心理老师问道：“每次生理期时，如果你肚子疼到无法上课，你是否会觉得自己身上的负罪感少一些，自己轻松了一些？”小琪回答说：“是，有一点儿。”心理老师问：“第一次来月经之后，跟之前相比，和妈妈在肢体接触上有什么变化没有？”小琪回答：“之前我经常晚上要求妈妈到我的房间来，抱着我哄我睡觉；在那之后就再也没有了，因为觉得别扭。”

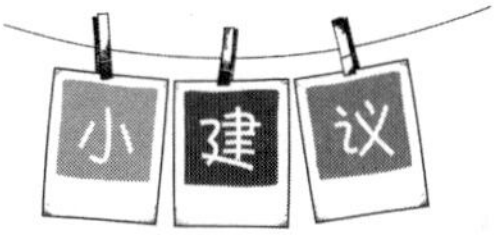

特殊时期要有特殊方法。

通过了解，小琪因为生理期这件事，跟妈妈的关系也发生了转变，从之前可以在妈妈怀里撒娇的小女孩，变成了妈妈口中“已经长大了”的孩子。小琪不知道妈妈对自己的看法有着怎样的转变，在与妈妈的关系中，小琪的不安全感增多了。

对于月经初潮的女孩和初次遗精的男孩，家长们要注意调整自己的言行，避免他们在感到自己身体发生巨变的同时，又感到自己与父母之间的距离变得越来越遥远。

这时候的孩子往往会突然变得十分被动，并且害怕别人（包括家长）窥探自己的身体情况。家长要及时觉察孩子状态的转变，当他们的眼神表现出躲避、漠然时，要及时走开，给他们自己的空间；当他们的眼神表现出期待、热切时（不会再非常主动地对你撒娇了），要及时靠近孩子，表示出“你还和以前一样，是我可爱的孩子，你随时可以向我撒娇、和我拥抱”。这样，就能让孩子感到被尊重的同时，给他们一种安全感。

“病”在“特殊时期”，“解药”却在平时生活的点点滴滴。上述特殊方法，如果没有平时包容、理解与爱的家庭环境的熏陶，也是很难让孩子真正相信的。家长最应该做的，还是尽可能地给孩子平等友爱的亲子关系。父母一方可以给孩子讲讲自己当年的成长经历，如母亲给女儿讲讲自己关于生理期的心得，父亲对儿子讲讲自己对晨勃、遗精的感受。这样，就能让孩子体会到这些都是正常的生理现象，而且还能让孩子感受到自己和爸爸妈妈的距离并没有变远。大家是一样的，是有共同点的。

在平时的教育中，父母要尽可能地尊重孩子、与孩子平等相处，把自己摆放在权威者、管理者，或者受害者和牺牲者的位置上，都是不对的。本案例中，小琪之所以会对妈妈的那句感叹“唉，我的孩子长大了”产生了距离感，甚至还产生了负罪感，是因为妈妈平时在与小琪的亲子关系中，就存在着“扮演受害者、牺牲者”的问题。小琪妈妈应该调整自己的心态和言行，让自己从“为孩子牺牲的伟大妈妈”的角色中走出来，最好是做一个“与孩子是好朋友、好姐妹的新一代妈妈”。这样，就能避免今后再出现其他类似的问题。青春期的孩子很敏感，家长的一个眼神、一句感叹，都有可能成为他们过不去的心结，这对家长的教育方法就提出了更高的要求。

PART 4

立足社会
——指导孩子学会合作

合作是指两个或两个以上的人为了共同目标或者获得共同利益而自愿结合在一起，相互作用和配合，最终实现共同目标、满足个人利益的一种社会交往活动。再聪明的人，也不可能掌握所有的知识和本领、想到所有的问题。而大家聚集在一起出主意、想办法，往往会使一些难题顺利解决。同时，每个人通过吸收借鉴别人的优点，也可以弥补自己知识和能力上的不足，从而不断进步。合作可以满足个人能力的不足，给人带来温暖和满足人的社会需求。家长要指导孩子明白良好的人际关系能促进人际沟通，促进人们的相互认识和了解，从而促进彼此间的和睦相处，增加生活的乐趣。

能尊重＋会理解是交往之道

为什么孩子“家里横，外面怂”

小故事

星期天，5 岁的骏骏正在家里玩耍，他上蹿下跳，一会把沙发当蹦床，一会把玩具都拿出来丢在地上。妈妈无奈地跟在后面边拣玩具边说道：“你就不能消停一会？”可是骏骏并不理妈妈，他爬上茶几，把奶奶刚买回来的葡萄揪下来扔在地上，用脚踩着玩，妈妈拽着他大声呵斥：“不能这样。”但是骏骏却推开妈妈，继续踩葡萄，无奈的妈妈转向爸爸：“管管你儿子！”爸爸拿出自己手机：“乖儿子，那个不好玩，看爸爸手里是什么？”骏骏果然感兴趣，跑到爸爸面前，伸手就要抢夺爸爸的手机，抢了两下没抢到，气急了扬手打了爸爸一巴掌，并大叫道：“啊！给我！”妈妈皱着眉头道：“你就是家里横，昨天在游乐园玩沙子，楼下的田田把所有的沙具都抢走了，还推了你一把，你也只是傻站着。今天在家里就无法无天！”爸爸疑惑道：“还有这种事？”妈妈更忧愁了：“可不是，你说孩子这样可怎么办呢？”

小分析

1.“家里横，外面怂”也有积极的意义。

看到孩子“家里横，外面怂”，家长常会产生许多负面情绪：愤怒有之，不甘有之，担忧也有之。愤怒于孩子“耍心眼”，欺软怕硬；不甘于孩子“太窝囊”，一点儿也不像勇敢成熟的自己！担忧孩子“家里横”的情况愈演愈烈，家里被闹得鸡犬不宁不说，以后孩子在社会上被欺负了怎么办？如果你正陷入这样的困扰里，那就需要反思和觉察。其实，对于孩子而言，其行为的目的并不会有意识地附加这么多的社会意义。孩子的世界相对单纯，通过分析环境信息，他认为可以，就会行使某些行为；认为不可以，就会抑制某些行为。“欺软怕硬”“窝囊”“懦弱”等，是我们成年人赋予行为的解读。如果我们不加区分，用社会解读的方式定义孩子——你就是“家里横”，你就是“懦弱”——孩子会渐渐认同父母对自己的评价，也会按照“家里横”“懦弱”等固化自己的行为模式，变成真的“家里横”和“懦弱”。

其实，如果你的孩子表现出“家里横，外面怂”，至少在两个方面有积极的意义。第一，孩子在家里是感到安全的、被爱的，因此他可以随意表现自己不那么美好的一面，敢在父母家人面前“横”。第二，孩子有明显的人际界限感，其能区分关系的安全性，实际上，这并不是一个简单的事，不仅需要孩子具备敏锐觉察他人的感受的能力，也需要孩子能够抑制自己的情绪和行为。虽然“家里横，外面怂”具有积极意义，但是这并不是完全的好事，它反映了孩子难以平衡家庭和外界的关系。

2.“家里横”的背后是家庭规则不明确。

“家里横”反映出家庭缺乏明确的行为规则。从婴儿时期开始，当孩子感到安全，他就会尝试很多探索行为，如用身体去接触和摆弄不熟悉的东西、去到没去过的地方、观察并接触新事物等。很多家长在孩子成长过程中会发现孩子有很多奇怪的、不知道从哪里学来的行为和话语，这其实就是探索行为的一种形式，这是一个具有适应意义的行为模式。孩子通过行使各种各样的行为来探索周围人的反应，明确自己的行为规范、需要遵守的规则等。

这是一个自发自动的过程，孩子并不会有意识地寻找行为的规范或规则是什么。这时候，如果他没有感知到外界的要求和规则，他会不断地按照寻求自我满足的方式表达行为。就像本案例中的骏骏，他在家中上窜下跳、乱丢玩具、浪费食物，妈妈虽然制止了，但是缺乏威慑力，也并没有说明规则是什么，骏骏无法明确认识到这些事是不被允许的，因此依旧我行我素。而且，我行我素的结果是爸爸拿出新的刺激，他乱丢玩具，浪费食物的行为被很快原谅了，骏骏更加不会感知到“自己的行为是不恰当的”，因此“无法无天”。此外，有的家庭因为各个成员教养信念不同，对孩子有不同要求，且不能尊重其他成员给孩子设定的规则。这也会让孩子陷入规则混乱，从而表现为“家里横”。

3.“外面怂”是应对不安全的最安全的方式。

其实，“外面怂”这个表现恰好说明，孩子具备规则意识，他能够明确而深刻地感知到，家里和外界有完全不同的规则——在家里追求快乐和自我满足是可以的，他人会无限制地原谅自己，但是在外界这个规则行不通。这会让孩子形成一种认识：家里是安全的，而外界是陌生的、奇怪的、无法理解的。“怂”是他应对不安全外界环境最安全的方式。

孩子越是在家中“无法无天”，他就越可能感知到外边世界“不安全”，他也越可能选择“怂”。对于孩子而言，在家里的我行我素、追求自我满足是那么理所当然，即使他做了不恰当的行为，父母也很少指责、厌烦、排斥，他并不知道遇到这些时应该如何反应，“站着不动”“躲在妈妈身边”“默默忍受”就成了他们惯常的反应方式。因此，“怂”其实是孩子自我保护的一种方式，在给孩子贴上“懦弱”的标签之前，更重要的是鼓励孩子进行人际交往，教育孩子应对他人的负面情绪。

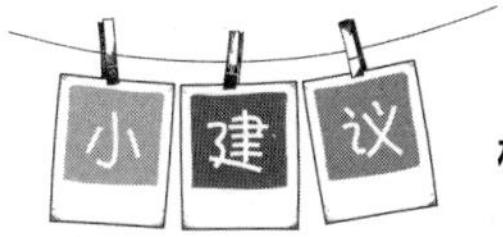

1. 开放性地看待孩子的行为，避免给孩子贴标签。

面对孩子“家里横，外面怂”的行为方式，家长先别急着给孩子下定论。这些“定论”包括对孩子行为的理解和定义，父母需要时刻警醒，避免用成人的视角去理解孩子的行为。孩子的大部分行为缺乏明确的目的和意义，但是，父母每一次对孩子的定论，都会成为孩子自我评价的依据。如果他认可你对他“懦弱”“家里横”的评价，他会用“懦弱”“家里横”的方式面对生活，即使他在意识上不认可，也会在内心形成巨大的心理冲突。此外，避免给孩子贴标签，不仅是消极的标签，给孩子贴上积极的标签也不是百利无害的，它会限制孩子的自我成长。正确的态度是用开放的视角看待孩子的行为，而不是先给行为扣帽子——“这是懦弱”“那是欺软怕硬”，先理解孩子行为背后的需要，分析孩子这样行事的功能，再引导孩子用恰当的方式，在恰当的情况下表达行为。

2. 建立明确的家庭规则。

实际上，孩子 3 岁左右时规则意识已经萌芽，在游戏过程中可以明显看到孩子的不同。规则意识萌芽的孩子做游戏时有目的性，在乎输赢，会与他人交换而不是单纯地把东西拿给别人，有些强势的孩子甚至会要求别人按自己的要求进行游戏。这时候，家庭就应该明确地给孩子建立一些基本的规则，哪些行为是允许的、哪些是不允许的。

建立家庭规则首先是要明确，明确不被接纳的行为是什么、被接纳的行为是什么。如案例中“你就不能消停一会”，可以用“不可以把玩具乱丢在地上，不玩的玩具需要被放在收纳袋里”来代替；“不能这样”可以用“不要把葡萄放在地上踩，这是浪费食物，葡萄是奶奶买来大家一起吃的”来代替。

建立家庭规则其次是要坚持。这里的坚持有两层含义：一是反复告知孩子，每当他违反规则，都要向他重申规则，需要父母付出耐心，要知道没有一个规则是一次表述就能建立的；二是父母要坚持自己执行这一规则，让孩子知道规则对每个家庭成员都有效力，不要随意改动规则，这样才能引发孩子遵守规则的意识。

建立家庭规则最后是要温和。建立规则的目的不是让孩子受挫，而是引导他的行为。建立规则时依旧要表达对孩子的理解和爱，但是规则要执行。可以用这样的语句告诉违反规则的孩子："我理解你这样做自己很开心，但是不能把葡萄丢在地上踩，葡萄是食物，是用来吃的，如果你想要做游戏，可以和妈妈玩飞机大战。"

3. 帮助孩子建立人际互动的良性模式。

在幼儿园阶段，孩子已经开始建立基本的人际交往。除了不安全，"外面怂"的孩子常常缺乏人际交往经验，或不知如何回应他人的负面情绪。面对这一问题，家长可以多为孩子创造机会与其他小朋友游戏交往，不要着急或太过关注孩子，允许孩子用自己的节奏去接触他人。父母也要为孩子营造"外面的世界就是这样，它是安全的，可以自我表达"的氛围，鼓励孩子合理表达自己的需要。

有的家长担心孩子受欺负，教育孩子"打回去"，这种盲目的指导是不可取的。恰当的做法是在孩子"怂"的当下，引导孩子合理表达自己的不满。如被其他孩子抢走了玩具而孩子站着不动时，可以鼓励孩子去交涉、索要。也可以引导孩子观察其他小朋友如何建设性地处理冲突，帮助孩子建立良性人际模式。

孩子和“问题学生”一起玩怎么办

小故事

隆隆妈妈最近遇到了一件烦心事。上五年级的儿子聪明好学，成绩一直不错，但是有一次开家长会，有人反映儿子喜欢和班里的几个“问题学生”一起玩，这几个学生成绩差、爱捣蛋，担心他们会影响隆隆，因此建议隆隆妈妈和孩子好好谈一谈。回家后隆隆妈妈就找了个机会和隆隆说起了这件事，隆隆却满不在乎：“那些好学生都没个性，和他们玩没劲。”孩子是这个态度，隆隆妈妈也不知道该不该管。就这样过了半个学期，隆隆期中考试的成绩却掉出了班级前十名。这下可急坏了隆隆妈妈，她郑重地告诫隆隆，下半学期要认真学习，不准再和那些“问题学生”一起玩！有同学来找隆隆玩，妈妈也会盘问同学一番，慢慢地来找隆隆玩的同学变少了，隆隆也因此变得郁郁寡欢，期末考试的时候，成绩不但没有提升，反而更差了。这让隆隆妈陷入纠结，孩子和“问题学生”一起玩到底该不该管？

小分析

1.“近朱者赤，近墨者黑”是存在的。

很多父母都会有这样的疑问，孩子和问题学生一起玩，会给孩子造成不良的影响吗？这是有可能的，和问题学生的友谊会给孩子带来帮助，但也可能带来一些不良影响。

人的行为会受到环境的影响，心理学家班杜拉的著名实验证实，孩子仅通过观察，就能学习他人的行为，特别是暴力行为。中国自古就有“孟母三迁择邻而居”的说法，正是因为孩子耳濡目染，会模仿和学习身边的人的行为习惯和价值观念。儿童的友谊常是小群体友谊，孩子们喜欢组成小团体一起游戏，男孩子们常进行竞技类或对抗类的游戏，如踢球、打闹等，女孩子们则常一起聊天。随着年级的增长，孩子会越来越明确地感到同伴压力，也越来越容易遵从他们的小团体内的价值观念和行为规则。因此，孩子的朋友很容易对孩子造成影响。虽然成绩不好并不代表这个孩子的品行有问题，这可能和他个人的生活环境、父母的教养方式都有关系。但是不可否认，有一些问题学生确实存在学习态度不端正、不遵守班级纪律等问题，如果孩子认同了这样的朋友，则很容易被“带坏”。

然而，无论朋友是谁，同辈群体的友谊都有积极的意义，它帮助孩子学习社交技能，体验交往合作，应对压力和管理情绪，有助于孩子形成稳定的自我价值感，否定孩子的友谊会让孩子感到挫败和无措。对孩子的交友不管不问，或严格禁止孩子与“问题学生”交友都不是恰当的做法。朋友之间的影响是相互的，是“问题学生”影响学优生，还是学优生引领“问题学生”，关键在于学校和家庭的教育。

2. 成绩波动并不代表孩子被“带坏”。

孩子和“问题学生”交朋友后发生的成绩波动，常常会让家长们焦虑不安，但是这并不一定是因为孩子被“带坏”了。在小学阶段，学习成绩波动是很普遍的现象，其原因常是多种多样的。学习态度、专注度、环境变化、心理状态等都会让孩子的成绩上下起伏。如果家长们不细致分析，就认定是“问题学生”带坏了自己的孩子，不但无法帮助孩子提高成绩，还会激发亲子矛盾。

小学高年级的孩子自我意识有了一定程度的发展，他们的内在世界，如秉性、兴趣、道德观、自我评价参与到其行为方式中。和“问题学生”交朋友不会直接影响孩子的成绩，而要通过一系列内在心理过程。如成绩好的孩子和“问题学生”交朋友，看到自己的朋友不认真听课，逐渐认可朋友们说的“读书无用论”，于是提不起学习兴趣，也听不进老师讲课，最终就会影响学习成绩。如果孩子看到自己的朋友不认真听课，但坚信自己是好学生，并不认同朋友们学习态度不端正，就不会被朋友影响。只有当孩子认可了“问题学生”的价值观念，才会慢慢表现为外在行为上的模仿，渐渐被“带坏”。相反，如果学优生的价值观念得到了“问题学生”的认可，“问题学生”也有可能被学优生影响。

3. 儿童的友谊是选择的结果。

友谊或同伴关系是孩子重要的成长基石，随着年龄增长，它们在孩子的生活中占据的地位会越来越重要。小学低年级的孩子更倾向认为和自己玩的就是好朋友，高年级的孩子会越来越在乎志趣相投，关注友谊中的忠诚和信任。友谊越来越多地承载孩子的内心需要。

关于儿童友谊的研究发现，小学阶段孩子就会有一些自己的择友偏好，那些成绩好、组织能力好、开朗活泼的孩子更受到同伴欢迎。因此，一个孩子交到了什么样的朋友，喜欢和什么样的人一起玩，都会有各种不同的原因。儿童的择友标准是多元的，这受孩子主观世界如性格、兴趣、对自己的认识和看法等的影响，也受到客观环境如空间距离上的可接近性等的影响。因此，孩子不把“成绩好”作为择友依据是很正常的事，好学生和“问题学生”建立友谊也是常见的事。

很明显，案例中的隆隆在找朋友的时候，并不在乎“学习好”这个标准，他更喜欢“有个性”的朋友，他认为成绩好的同学“没个性”，和他们玩“没劲儿”。这也许因为那些“问题学生”能给他很多新鲜的体验，能带他做以前不敢做的事，也许是那些孩子让他感到信任和勇气，在朋友中有地位和尊严。但无论是出于什么原因，家长在干预孩子的友谊之前，都应该细致地了解孩子的友谊。

1. 客观开放地理解孩子的友谊。

作为父母，我们都希望能帮助孩子屏蔽不良影响。但是，在缺乏理解的基础上干预孩子的友谊，结果常常不能尽如人意。孩子的友谊是有选择的，因此一定有他选择这个朋友的原因。当孩子与问题学生交朋友，可以先问问孩子，在他的眼中朋友是什么样的，一起游戏的时候他们会玩些什么、聊些什么，以及他们怎么看待朋友表现的一些不良行为等。如果孩子表现出了对问题行为的认可，则需要进行适当地教育引导。

面对父母的询问，有的孩子会表现出不耐烦，这时候家长需要注意自己的态度。如果家长带着质疑、不信任的态度去盘问孩子的交友情况，肯定会让孩子反感。此外，家长也不需要步步追问，可以一次少问些内容，一点点了解孩子和朋友相处的情况。如果孩子在和“问题学生”交朋友后，出现成绩波动或行为问题（如闯祸、撒谎），父母也无须太过焦虑。和孩子谈一谈，看看他们是怎么看待这个问题，帮助他们看到问题是怎么产生的，找到问题解决的方法（而不是去阻止他们的友谊）。如果家长先入为主地坚信是问题学生“带坏”了孩子，而不去关注孩子内心的变化和其他的可能，反而对孩子不利。

2. 和孩子一起发现朋友的优点。

尺有所短，寸有所长。每个人都有自己的优点和缺点。“问题学生”并非一无是处，很多成绩不好的学生多才多艺，或者具备多种积极的心理品质，如诚实、热情、善良等，很多调皮捣蛋的学生则能言善辩，擅长社交。与这样的孩子交朋友，不仅可以丰富孩子的人际经验，也可以促进孩子更全面地自我发展。

和孩子谈论他们的朋友时，可以引导孩子去思考他们的朋友有哪些优点。这样做可以把孩子将注意力拉到其他孩子的优点上，从而减少孩子对那些不良行为的关注和模仿。

父母也可以认真倾听孩子讲述的与朋友之间的故事，观察孩子和朋友一起玩时的表现，并和孩子分享自己发现的朋友的优点。这不仅可以促进亲子关系，让孩子感受到你的关注和爱，也可以启发孩子认可其他人身上的优秀品质。有父母的榜样作用，孩子也更愿意去发掘他人身上的优势和长处，这将有助于其社交能力的培养。需要注意的是，与孩子一起发现朋友的优点，并不是将孩子与他们的朋友作比较。在找到朋友的优点后，也可以适当地谈谈孩子自身的优点。父母也要在日常生活中让孩子感受到，无论他们的优点是多还是少，他们都被父母所爱。

3. 建立孩子明确稳定的自我概念。

用阻断孩子的友谊的方式来杜绝“问题学生”的不良影响，是治标不治本的办法。随着孩子的长大，他们的生活范围不断扩大，接触到的人也越来越多，家长想要靠“监管”其交友选择、“禁止”其和特定的人交朋友显然是不现实的，这还会限制孩子人际能力的发展。

孩子是否会容易受到他人的影响取决于很多种因素，其中最重要的就是自我概念的稳定性。自我概念就是一个人认为自己是个什么样的人，它调节人们应对生活的方式。自我概念越明确、越稳定，孩子越知道自己该做什么，不该做什么，越能够抵御不良影响。

培养孩子的自尊自信有助于增强孩子的自我认同，建立明确稳定的自我概念。自我概念的形成也和周围人对孩子的评价相关。如果父母或老师给予孩子的评价常常是矛盾的，会让孩子难以形成稳定的自我概念。

此外，孩子喜欢的卡通人物、偶像、交往的朋友也可能是其自我概念的表现，如案例中的隆隆就可能存在这样一种自我认同——我应该是一个“有个性”的人，我也要与“有个性”的人一起玩。家长们要善于发现，适时认可他的自我概念。

如果孩子的成绩或行为已经发生了变化（如成绩下降、和问题学生一起闯祸、不遵守学校纪律、撒谎等），当务之急也是引导孩子认识自己的错误，帮助孩子建立合适的行为规范。去解决问题，而不是去抱怨“问题学生”的影响。

总是“被欺负”背后的隐情

小故事

张姐今天下班早，就亲自去学校接9岁的儿子乐乐放学。她刚到校门口，就看见一个女生在身后猛拽了一把乐乐的后衣领，把原本就瘦小的他拽的一趔趄。乐乐转过身，那女生和身边的几个孩子哄然大笑起来。乐乐不知所措地看着他们，也挤出一丝讨好的笑容。张姐看得又急又怒，一个箭步走上前去喊道：“你们在干什么？”然后一巴掌打在乐乐的后脑勺上：“笑！你还笑！就这么睁着眼睛让人欺负，你看你那窝囊样！也不知道像谁！在家不是告诉你要……”那群孩子早已作鸟兽散，只有乐乐站在那垂头丧气、一言不发。班主任刘老师走过来，她告诉张姐，乐乐在学校经常会被其他孩子嘲弄欺负，老师们看到了会管一管，但总有管不到的时候。有时候，还会看到乐乐去讨好欺负他的孩子，从而被欺负得更厉害。张姐更气得直皱眉：“我们在家里也经常教育他要勇敢，可他怎么就是学不会呢？”

小分析

1. 区分欺凌行为和普通争执。

在全世界范围内，青少年儿童之间的欺凌行为都让教育者、家长分外头疼。当具有攻击性的孩子（欺凌者）把另一个孩子或一个小群体作为目标（受害者），即使欺凌者没有受到来自受害者的挑衅，也会用各种方式纠缠受害者，甚至诉诸暴力。这不同于儿童之间的矛盾或争执，被称之为欺凌行为。

男孩欺凌者常常采用讥讽、嘲弄、侮辱或躯体暴力攻击受害者，女孩欺凌者更常使用关系攻击，即组织其他人孤立、拒绝受害者，传播有关受害者的不实谣言，诋毁受害者的人格尊严等。

在普通的争执中，孩子也会被打、被辱骂和嘲弄、被孤立和侮辱，但是这与欺凌有着本质的不同。在儿童普通的争执中，很难明确区分受害者和欺辱者，孩子受到攻击也会反击。普通的争执可能持续一段时间，但不会在不同的时间和空间上反复发生，而欺凌则可能反复发生。而且，普通的争执都有特定主题事件作为诱因，但欺凌可能没有特定的诱发事件。普通争执中，做出攻击行为的孩子是为了争取自己的利益或维护自己的尊严，但是在欺凌行为中，欺负他人的孩子更多是想要获得或保持权力，因此他会寻找观看者（旁观者），而受害者则常缺乏反抗的机会或能力。

有关儿童欺凌的研究还发现，很多孩子被欺负后，常常会选择欺负比他更弱小的人，一些孩子会兼具欺凌者和受害者两种身份。而且，无论是欺凌者还是受害者，他们的自尊水平都比较低，他们对学校也会持有一种消极看法，认为学校是不公平的。

2. 总被欺负的孩子有一些共同特征。

大约有三分之一的儿童具有攻击性，因此几乎每个孩子都会遇到具有攻击性的孩子，但并不是每个孩子都会成为被欺负的对象。一些研究者总结了被欺负孩子的特征，发现他们惊人地相似。

受欺负的孩子通常比较内向，不善言谈，和人交往时表现拘谨，自尊心很低。他们在学业上或其他活动中表现一般或很差，得不到老师和家长的重视。

有一些孩子因为身体比较虚弱瘦小，缺乏反抗能力，也容易成为被欺负的对象，特别是男孩子。案例中瘦弱的乐乐被欺负，就是这个原因。另外，如果男孩子表现过于文弱秀气、过度隐忍、有明显的女性特质，也会被嘲笑和欺负。

有些孩子性格上比较冲动、具有破坏性、人际交往能力比较弱，他们的行为方式总会引起其他孩子的反感和消极态度。如喜欢给老师打小报告的孩子、过于情绪化的孩子，都会招致其他同学的排斥和孤立。

家庭功能欠缺、内心安全感低的孩子更有可能成为被欺负的对象。留守儿童，单亲家庭，孤儿等是受欺负者的高发群体。有的家庭父母常年争吵，孩子从小处于激烈的冲突之中，不知道如何应对，只会默默忍受，形成了懦弱畏缩的性格，容易成为欺凌行为的受害者。

3. “被欺负”是一种人际互动方式。

孩子总是被欺负，可能与孩子缺乏社交技巧有关。受欺负的孩子常常没有朋友，这让孩子难以对欺凌行为做出恰当的反抗。更糟糕的是，社交困难常常会导致学业困难，这更容易导致孩子不受重视，成为被欺凌的对象。很多被欺凌的孩子存在社交困难，他们要么社交退缩，要么总在社交中做出一些不恰当的或不受欢迎的事情，如无原则讨好、缺乏诚信、不懂得分享、告状等。

孩子们都是想要交朋友的，如果他们不知道如何调整自己适应当前情境，不知道如何交朋友、解决人际冲突和矛盾，他们就会采用“特殊的”方式回应社交情境。如案例中的乐乐，用讨好来回应他人的作弄和取笑。怪异的、不合时宜的回应方式，会阻碍孩子建立友谊，还会进一步成为别的孩子取笑和嘲弄他的理由。这导致孩子缺乏同伴、自尊心低下，面对他人的不友好也不敢表达不满，进而成为被欺负的对象。

家庭教养环境会影响孩子处理人际问题的能力。很多受欺负的孩子面对他人不友好的行为，都会选择沉默，这表明孩子可能正处于不知所措的境地。如果父母过于强势，经常评价或批评孩子，如案例中的张姐一样，孩子会没有自尊，经常处于巨大的心理压力中。久而久之，会形成内心的隔离，从而对作弄、挑衅等不友好的人际行为无动于衷，缺乏反抗意识，无法对他人的欺负作出恰当的反应。

因此，对别人的欺负行为不反抗，并不完全是懦弱或胆小，也有可能是长期压力下的自我防御，这需要家庭改变教养方式，也需要专业的心理人员帮助孩子进行心理疏导。

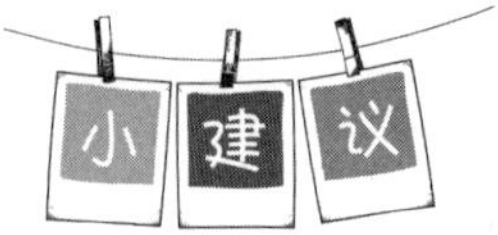

1. 家长和学校合作控制欺凌行为。

有关儿童欺凌行为的研究发现，欺凌行为的发生和旁观者的反应息息相关。如果旁观者采取漠视、好奇或看热闹的心态，欺凌行为更倾向于持续或升级。而当受害者被欺负时，有旁观者能够维护他们，并且能和受害者建立持续稳定的友谊关系，那么欺凌行为的频率就会下降，支持受害者的人越多，欺凌就会变得越难以实施。父母要明白，欺凌并不是欺凌者和受害者之间的事，而是一个群体事件。想要减少孩子被欺凌，需要从学校、班级和个人层面分别入手。

一是在学校层面，积极的学习风气能减少欺凌现象发生的概率。家长发现自己的孩子在学校长期被欺凌，应该积极与学校高层进行沟通。如果有条件，应该在全校范围内进行抵制欺凌行为的教育和倡导，鼓励更多的旁观者能有所作为。如果这难以奏效，则需要考虑为孩子换一个校园环境。二是在班级层面，父母要多和班主任及各科老师沟通，建议老师在班级内建立规范，明确哪些是欺凌行为，并在课间时监管欺凌行为，鼓励和褒奖班级中维护受害者的行为和个人。老师和班级中受旁观者的支持能有效减少孩子被欺凌的频率。三是在个人层面，父母要以平等的态度与自己的孩子沟通，进行心理引导，帮助孩子发展有效的人际交流方式，提升孩子的自尊心。学业上或校园活动上的成功能有效加强孩子的自我价值感，增加孩子受欢迎的程度，父母可以在这个方面多做一些努力。

2. 对孩子进行“社交技能剖析”训练。

社交困难是导致被欺负的孩子缺乏朋友、自尊低下的重要原因，因此培养孩子的社交技巧非常重要。对学龄前的孩子，可以多鼓励其参与到社交情境中。对于小学以后甚至更大的孩子，则需要对其进行特殊的训练。心理学家拉沃伊创立了一套社交训练系统，他将其称为“社交技能检视”。这能帮助孩子明确社交错误的原因和影响，避免错误再次发生。

社交技能检视包含五个步骤，其中最重要的是，当孩子出现社交问题时，父母要保持冷静，帮助孩子回顾社交情境，而不要去责备他们。在预见到孩子即将面临新的情境，如加入新的班级或某种校园活动，父母要帮助孩子为这些情景进行排练，而不是让孩子毫无准备地进入新环境。案例中乐乐遇到的情境就可以使用这一方法。社交技能检视的五个步骤如下。一是让孩子描述社交失败时发生了什么。二是让孩子分辨自己的哪些行为在当前的情境中是不恰当的（社交错误）。有社交困难的孩子很难搞清楚是哪里出了问题。在本案例中，当乐乐被他人拽衣领，他的隐忍、讨好都不是有效的社交方式。三是父母帮助孩子了解具体的社交错误出现在哪里，为孩子提供几种替代方案，让孩子自己选择一种。如可以告诉乐乐，他可以选择反抗而不用讨好，“我不喜欢你们这样做”，或警告那些孩子“你们这样做我会告诉老师和家长”，也可以直接告诉老师家长获得成年人的帮助。四是创建一个有同样社交错误的场景，看孩子能否意识到这个问题。如父母一方表现欺负行为，另一方讨好，请孩子辨认。如果他失败了，可以创建另一个场景，以帮助孩子明确哪些行为需要反抗。五是接下来的一周，让孩子不断练习使用替代方案处理社交场景。

3. 调整家庭教养方式。

调整家庭教养方式的第一步，是父母对自己的脾气秉性进行觉察。有的父母平常就对孩子疾声厉色，却一直埋怨孩子不够勇敢和坚强，不懂得反抗。却不知自己对待孩子的方式，早已抹杀了孩子的反抗意识。

允许孩子表达也对改变家庭教养方式有重要意义。当孩子表达时，父母要学会自我调控情绪，要有耐心和保持冷静。无论孩子的表述多么幼稚，无论和你的教育理念多么背道而驰，在否定他教育他之前，先允许他去表达，父母也需要时刻提醒自己：孩子有权和你不一样，有权展现幼稚。

对待容易被欺负的孩子，家长要切忌埋怨孩子的懦弱和无能。这相当于把错误的责任归咎于孩子、让孩子的痛苦雪上加霜。不但不能培养孩子的勇气，还会让孩子更加自卑，更容易成为被欺负的对象。

孩子的勇气来源于父母的勇气，日常生活中父母敢于用合理的方式争取自己合理的诉求，孩子就会在其中感受到勇气。父母面对孩子的利益受到损害，能勇于维护孩子的利益，会让孩子更自尊自爱。

当孩子与老师不对付

小故事

染染是个聪明漂亮的女孩子，家境富裕，课业学得又快又好，常是班级的第一名。不仅如此，她还多才多艺，拿过很多艺术奖项。在家里，她是父母的掌上明珠。在学校里，她是同学羡慕追捧的对象，是当之无愧的校园红人。可是从初一开始，染染就和任课老师们矛盾不断。初一时，因为有一次上课迟到，严厉的班主任老师罚染染站了整个早自习，这让染染非常不服气：自己学习成绩这么好，迟到一小会儿又有什么关系，就是整个早自习不上，自己也能一直稳居班级第一。后来，英语老师又批评了染染上课不认真听讲、总和同学讲话，染染更气愤了：别的同学也有上课讲话，怎么就只针对我呢？最严重的事件发生在初二上学期的期中考试时，染染给同学传答案被数学老师发现了。数学老师认为这是很严肃的事情，告诉了班主任，并要求染染在全班做检讨。染染哪里受过这种委屈，在家里又哭又闹，不愿意去上学：“在全班做检讨，这让我以后在同学们面前怎么抬得起头？”父母一方面心疼染染，另一方面又觉得数学老师的做法也是为了整肃学风，无可厚非，劝了染染半天，染染却一点儿都不领情：“你们总让我为他考虑，他怎么不为我考虑考虑。别的老师发现作弊，都是帮学生藏着掖着，鼓励教育，怎么我的老师就总看我不顺眼，要让我去出丑？我讨厌他们！我要转学！”爸爸妈妈束手无策，找到心理专家问道：孩子为什么总和老师不对付，父母该怎么办呢？

1. 用好成绩获得特权。

孩子和老师不对付，经常抱怨老师针对自己，就要引起家长们重视。如果排除了老师有师德问题，那就要警惕孩子是否有这样的一种心理："我成绩好，即使我犯了错，也应该被原谅和包容。"中国式的教育很容易让孩子、家长、老师陷入唯成绩论的思维陷阱里，只要孩子成绩好，其他的方面都可以包容。因此慢慢地孩子也会认为世界存在这样一种规则：只要成绩好，我就应该拥有特权。

特别是，一个聪明漂亮又才艺满满的孩子会让家长老师充满喜爱与宽容。这样的孩子从小就会享受很多别的孩子没有的特权和优待，如周围人更多的关注、优先享受各种机会、犯了错误会被更温和地对待、更容易得到谅解。其实，这在成人世界也很常见。人们对于优秀的人总会更加宽容，如一些颇具天赋的科学家和艺术家都有一些怪癖，但是这并不会让他们被反感、批评，反而还会被传为名人轶事，被大众接受为"雅痞"。

可以说，优秀的孩子都会或多或少地感到"我这么优秀，得到原谅是应该的"，他们也会顺理成章地认为自己犯了小错误不要紧。一旦他人追究犯错的责任，他们的第一反应不是因犯错而内疚反思，而是为他人的"斤斤计较"感到愤怒和不满，更不可能心甘情愿地接受处罚。

2. 不接受自己有"污点"。

优秀的孩子还会让父母老师自然而然地产生较高的期待。孩子在达成期待获得赞赏的过程中，他们自己也会越来越认可成年人给自己的标准。但是，这时候孩子的思维发展还不够成熟，容易偏激地给自己设定不切实际的目标，希望自己永远优秀、永远都是对的。

这样的孩子常常自尊心比较强，会努力在各个方面都表现优秀，不能接纳自己有错误和缺点。因此，一旦自己的错误和缺点被别人发现，就会产生强烈的羞耻感和痛苦感。案例中的染染面对老师当众的批评，表现为不服气，她完全无法接受在大众面前认错，就是这样的心理在起作用。

无法处理激烈的羞耻与痛苦，孩子常会使用一些不成熟的心理防御机制，如“否认”“投射”等。使用“否认”的心理防御方式即不承认是自己犯了错。这时候，孩子就会很卖力地去挑剔他人，将犯错的责任归咎于他人“揪住小事不放”“不顾全大局”“总是针对我”等，而不去反思自己行为上的问题。“投射”的心理防御方式则让孩子把自己的内心想法投注在别人身上。如孩子因为犯错被老师批评处罚，很讨厌老师，却感到是老师先看自己不顺眼，要让自己出丑，才当众批评处罚自己。这些不成熟的心理防御机制让孩子不去正视现实世界里的事实，而在心理世界为自己开脱，以逃避内心的痛苦。

3. 挑战权威。

在现实生活里还有一部分孩子，并不是在老师批评自己后才和老师关系不对付的，他们主动制造矛盾，如顶撞老师、对老师态度敷衍，老师提出的要求不完成或完成得很差。这常常会激起老师愤怒和不满，师生关系可能持续恶化。一般这样的现象会发生在小学高年级和初高中阶段。这一时期，孩子正步入青春期，老师在孩子心中理想化的权威形象不断现实化，孩子会越来越多地看到，老师也有缺点，也有解决不了的问题。老师的权威性下降，孩子的自我意识膨胀，这就导致孩子不愿听老师的话，甚至和老师对着干。

孩子主动挑战老师，有以下几种心理动机：第一，彰显自己的个性和力量；第二，看不惯老师的行为风格，如感到老师不公正；第三，感到老师不重视自己；第四，质疑老师，对老师缺乏尊重。当前，西式教育理念不断进入大众视野，许多家长的教育方式会和老师的教育方式产生区别，如果孩子对父母的教育方式更为认同，就会排斥老师的教育模式，质疑老师，甚至反抗老师。

1. 先表达情绪，再处理问题。

通常和老师发生矛盾后，孩子会有强烈的愤怒和委屈，这时候孩子向父母表达自己感受，父母要耐心地去倾听孩子的表达。这不仅是缓解孩子不良情绪的良方，让孩子用现实客观的态度面对问题，也能够让父母理清事情的前因后果，帮助孩子做出恰当的分析和处理。

有的父母着急下结论，听孩子说了两三句，就下了“判决”，认为孩子就应该听取老师的批评教育，又将孩子批评教育一通。这不仅会破坏亲子间的信任和交流，还会加剧孩子的意气用事，让孩子和老师产生对抗情绪。有的父母比较宠爱孩子，听到孩子的表述，也会感到老师的做法欠妥，和孩子一起指责老师的不是，然后教育孩子“人在屋檐下，不得不低头”。这不仅不能缓解孩子和老师的关系，还会增强孩子对老师的反感。有的孩子“恨屋及乌”，不愿听某一老师的课，最终受害的还是孩子。

正确的做法是用点头或“我知道了”来回应孩子的表达，既不表达赞成，也无须表达反对，如果父母可以做到，也可以把孩子的情绪状态反馈给孩子。如案例中染染的父母可以这样表达：“我知道你现在很担心要在别人面前出丑了。”当孩子发泄完了情绪，很多孩子会自己说，其实，我知道自己也有不对的地方……这提示孩子此刻能心平气和地分析问题了。家长此时介入，帮助孩子分析问题，常能起到比较好的效果。

2. 纠正孩子的错误心态。

一些优秀的孩子在和老师矛盾中总是强调自己被老师针对，家长要及时和学校老师沟通。一方面，你的积极行动会让孩子感到安慰；另一方面，也可避免因孩子的一面之词造成不必要的麻烦。排除了老师确实对孩子意见很大，对孩子的过分关注，家长就要考虑孩子存在的错误心态。初中生的心理活动已经比较灵活，很多道理可以通过言语说教的方式讲给他们。讲道理时，父母要注意方式方法，不要在孩子犯脾气的时候讲道理，也不要用家长的权威让孩子服从。

要让孩子明确边界问题，成绩好和犯错误被原谅是两件事。违反了规矩被批评处罚是合理的，批评处罚得过重还是过轻又是另外一回事。其次，要让孩子具有规则意识。很多父母担心孩子刻板地遵守规矩而吃亏，因此喜欢强调要灵活运用规则，这其实是本末倒置。孩子必须建立稳定的规则意识：遵守规则是值得鼓励的，违反规则是要受到惩罚的。在此基础上，每件事就事论事地灵活使用规则，而不是脱离具体事件谈规则的灵活性。

对于自尊心比较强的孩子，让他们感到当众被羞辱有可能确实会让孩子有很大的心理压力。孩子犯错后，家长、老师、孩子可以坐下来一起探讨，让惩戒方式能起到批评教育的意义，又不至于让孩子无法接受。之后，家长也必须让孩子明确知道：改变惩戒方式是出于爱和尊重，而不是因为他们有特权。

3. 把握好父母—学生—老师的三角关系。

老师并不是人格上的圣人，挑剔或挑衅老师的孩子很有可能被老师讨厌，这就有可能导致孩子和老师的关系不断恶化。这时候，家长的角色就会变得非常重要。如果这个老师能受到其他大部分同学的爱戴，只是和你家孩子过不去，那除了教育孩子的错误心态，更要重视师生交流的问题。

家长要时刻意识到，孩子的教育不是交给学校就行了，家长和老师需要形成一个有机的教育系统，帮助孩子健康成长。在这个系统里，孩子是受教育者，老师是教育者，父母是辅助者。当孩子与老师发生矛盾，父母需要承担起“调停者”的角色，帮助孩子和老师恢复良性沟通。要达到这个目的，首先父母和老师建立起良性的互动关系非常重要。父母在平时就可以多和老师保持联系，了解老师的教育风格，这样不至于问题当前措手不及。

此外，当问题发生时，父母的客观冷静非常重要，不要过度卷入矛盾中。即使不认同老师的教育方式、为孩子的委屈感到不平，父母也要注意，先处理好自己的情绪，再介入孩子与老师的关系中，不要情绪化地解决问题。特别是如果家长对老师本来就有一些负面的印象，孩子的问题可能激起父母的负面情绪。这要求父母在处理这类问题时，要时刻提醒自己保持冷静。

攀比与妒忌

小故事

姚姚放学回家搂着妈妈撒娇道：“妈妈，出了新款的运动鞋，再给我买一双吧！”妈妈边做饭边说：“家里你都有六七双各样的运动鞋了，怎么又要买？上次给你买的那双，你还没穿几次呢！”听妈妈这么说，姚姚不高兴了：“哪有人认着一双鞋穿的，我们班的同学，谁不都有十几双鞋？就我们班的张佳宁，家里和我们家差不多，成绩还没我好，人家又有新鞋，又有新首饰。”妈妈温言劝姚姚：“爸爸妈妈千辛万苦把你送到全市最好的高中，好好学习是最重要的，咱就比学习，咱不比那些有的没的。”姚姚却委屈地开始掉眼泪：“学习好又有什么用，还不是在同学们面前都抬不起头来，同学们下课都在讨论张佳宁的新鞋，我一句话也插不上。明明她也没有我漂亮，可是人家父母就肯投资，给她买各种化妆品和首饰，打扮得又时尚又有气质，同学们都喜欢找她说话。你们总说我嫉妒她，我受的委屈你们都看不见。”说完跑回房间关上门大哭起来。爸爸看着妈妈，叹了口气道：“买吧，张佳宁家买得起，咱也买得起！咱们小时候吃了太多苦，不要让孩子也处处不如人。”妈妈也心疼女儿，可姚姚总是攀比妒忌同学，别人有的她都得有，真的能健康成长吗？

小分析

1. 理解妒忌和攀比。

妒忌他人是一种非常普遍的现象，每个人在生活中都可能体验过妒忌的心情。当我们感到和我们差不多水平的人，拥有我们梦寐以求的东西时，就会感受到妒忌。妒忌是一种非常复杂的情感体验，夹杂着渴望、沮丧、怨恨和情感否定等内容。有的时候，妒忌还会让人们期待比自己好的人遭遇不幸，从而产生幸灾乐祸的恶意情感和破坏的冲动。正因如此，很多人都将妒忌视作人格缺点，强调为人处世要避免妒忌心。可是，妒忌作为一种重要情绪，本身是无法避免的。中学生正处于自我意识发展的高峰阶段，他们会频繁地将自己和身边的同学进行社会比较，比成绩、比父母、比外表，因此，也更容易体验到妒忌的心理。

为了缓解妒忌的心理痛苦，中学生们会通过各种方式减少自己和同学之间的差距，拥有一个同学不曾拥有的贵重物品就是一个又方便又快捷的方法，这直接导致攀比行为的发生。

妒忌是影响攀比的重要因素，此外，群体压力、融入集体的需求、从众心理等会影响攀比行为。当前社会物质条件越来越好，很多父母都会尽量给自己的孩子最好的物质保障，如果班级中很多孩子都拥有某种东西，为了和大家能有话题，或想要和大家保持一致，都会让孩子追求物质攀比。

有的时候，家长只关注孩子因妒忌产生的攀比行为，却忽略了孩子因什么而妒忌。正如案例中的姚姚，她妒忌同学张佳宁，不是因为成绩，而是因为自己在同学中间没有张佳宁受欢迎。因此，如果父母仅去满足她的物质需要，不但不能真正帮助孩子走出妒忌，还会助长攀比之风。

2. 妒忌有善意和恶意之分。

很多人都把妒忌当作一种消极的情绪，但实际上妒忌也有善意和恶意之分。善意的妒忌是指能促使人们积极努力的那种情绪，它激励人们完成“挑战性行为”，得到自己想要的东西。恶意妒忌则促使个体通过“破坏性行为”把比较对象“拉下马”，比如破坏比较对象拥有的物品、声誉等，也包括直接攻击比较对象。虽然两种妒忌都会让人感到痛苦和挫败，但是善意的妒忌让人更关注比较对象拥有的东西，如成绩、外貌、穿着等。而恶意妒忌的人会更关注比较对象本人，更可能表现出敌意和攻击行为。

很多孩子的妒忌掺杂着善意妒忌和恶意妒忌。因为社会道德的约束，很多孩子会否认、压抑、隐瞒自己对他人的恶意妒忌。因此区分孩子的妒忌心是善意的还是恶意的，主要是看他们怎么做。如果这让他们更加努力地改变现状，则更偏重于善意妒忌，如果他们的表现是异常反感某一个（群）人，则需要家长注意进行正确的引导。

3. 自卑是攀比妒忌的根本原因。

很多有关妒忌的研究发现，妒忌的核心是“欠缺感”，其本质是自卑心。正因为本来就认为自己不够完美不够好，所以经过比较发现他人拥有自己没有的好东西时，才更感挫败和痛苦，更容易产生妒忌和攀比。很多父母感到自己的孩子学习又好，自己家的条件也不比别人家差，为什么孩子就会产生自卑呢？心理学家阿德勒认为，内在自卑感是所有人的共同属性，让自己更优秀更完美的愿望正是这种自卑感激发的。

但是，并不是每个孩子都会有相同的自卑感，他们理想自我与现实自我的差距有关。理想自我就是我想要成为的样子，现实自我就是我本来的样子。如果这两者之间差距过大，孩子就会产生自卑，也喜欢频繁地与他人进行比较以确定理想和现实的差距，进而更容易妒忌其他人。特别注意的是，作为父母，不仅要关注孩子的自卑心，也要关注自己的自卑心。很多父母因为自己的自卑感，喜欢和其他人进行比较，甚至把孩子当作比较的筹码，对孩子产生过高的期待。这不仅会让孩子对自己的能力产生错误的判断，也会让孩子更容易自卑和妒忌。

1. 进行恰当的社会比较。

面对孩子的妒忌和攀比，家长应该怎么办呢？有的人认为教育孩子不作比较就不会产生妒忌。的确，妒忌心源于社会比较，但想要用不作比较去对抗妒忌情绪，是不切实际的，这忽略了社会比较的特性。人们需要在各种社会情境中将自我与他人进行比较，以此建立稳定现实的自我评价，因此社会比较是一种自动自发的过程，并不是你不想比较，大脑就不会进行比较。

其实，并不是所有的社会比较都会导致妒忌。社会比较分为上行比较（与比自己好的人比较）和下行比较（与比自己差的人比较），且社会比较是就某些方面的比较。与自己有相似特点的人进行上行比较，特别是比较自己引以为傲的方面，更容易引发妒忌。因此，进行恰当的社会比较是缓解妒忌情绪的好办法。适时鼓励孩子进行下行比较，或进行多角度的比较，可以提升孩子的自尊，帮助孩子更客观地评价自己，缓解妒忌带来的痛苦感。就像案例中的姚姚，虽然自己学习好，长得漂亮，但是仅在同学中的受欢迎度上与同学张佳宁进行比较，因此总是受挫，并产生了强烈的妒忌情绪。面对这样的情况，家长要善于肯定其优点和已经具有的优势，让孩子更具自信。

2. 促进善意的妒忌发挥作用。

善意的妒忌能够让孩子更积极地完善自己，因此，家长们在发现孩子的妒忌情绪后，如果难以帮助孩子缓解妒忌情绪，可以着重引导孩子的妒忌转向善意妒忌。首先，父母可以耐心倾听孩子，找到孩子妒忌的目标物是什么，如姚姚感到自己在受同学欢迎的方面比不上别人，就可以作为目标物。其次，父母要帮助孩子关注这个目标，而不用太关注他妒忌的人，因为即使这个人不存在，可能还会有其他人比姚姚更受同学欢迎，因此努力的方向应该是让自己变更好。最后，父母可以和孩子一起探索达成目标的方法，如帮助姚姚提高人际技巧。在这个过程中，家长要时刻明确，孩子所要达成目标不是比其他孩子更好，而是让孩子在某些方面有所提升。毕竟，人无完人，孩子也不可能在各个方面都做得比别人好。妒忌还受到孩子的应得感和控制感的影响。所谓“应得感”是孩子感知到公正程度，控制感是指孩子感到自己是否能影响所得结果。如果孩子感到他人所得是公正的，且自己可以掌控所得的结果（如凭借自己的努力自己也可以获得），他更有可能产生善意的妒忌。因此，教育孩子辩证地看待公平，增强孩子的掌控感是帮助孩子建立善意妒忌的好方法。增加孩子掌控感的办法是多表扬孩子的努力，而不是他们的聪明。

3. 和孩子商定攀比的限度。

如果孩子嫉妒别的孩子在金钱和物质方面的所有物，父母首先要反思自己的金钱观对孩子的影响，避免孩子形成“金钱至上”的价值观。心理学研究发现，追求金钱和物质条件的价值观会让孩子很难体会到幸福。此外，给孩子的攀比设定限度也是必要的。很多家庭的孩子的攀比愈演愈烈，就是对孩子的攀比缺乏限度。今天这个理由满足了孩子，明天的另一个原因又不得不买给孩子，最终导致孩子的虚荣心越来越像个无底洞。设定限度就是设定一个标准，在多长时间里花多少钱。可以让孩子自己估算这个量，然后和孩子协商出一个具体的值。家长甚至可以开诚布公地和孩子讨论家庭的收支情况，让孩子参与到家庭日常的财务管理中来。这不仅有助于帮助孩子建立财商，进行自我管理，还会让孩子认识到个人的欲望不可能被无限满足，每个人都要学习限制欲望。家长也要适时地进行心理教育，帮助孩子树立正确的价值观。

懂规矩 + 守规则是处事之理

“大哭大闹”的孩子真的想要什么

兰兰4岁了，漂亮活泼，讨人喜爱。一天妈妈带着她路过一家玩具店，兰兰喜欢上了一只毛绒公仔，她拉着妈妈一定要买下来。妈妈耐心地告诉兰兰，家里已经有很多毛绒玩具了，不能每次上街都买玩具。可是兰兰却听不进去，她跺着脚大叫起来:“要这个，我喜欢，就要这个！”

妈妈看了看周围投来的异样目光，搂着兰兰继续劝慰，想把她拉走，兰兰却趴在地上大哭大闹:“买玩具，我不走！”妈妈怎么也拽不起来她，又急又气，大声呵斥道:“不买，你看你成什么样子，自己站起来！”听妈妈训斥自己，兰兰更委屈了，趴在地上哇哇大哭，伤心欲绝。

妈妈看着兰兰既生气又心疼，旁边也有人劝妈妈:“孩子这么喜欢就买给她吧”“孩子这样哭会哭坏的，那玩具也不贵”……这让妈妈左右为难，不买孩子继续哭下去，但是给她买下来，以后总这样闹可怎么办？

小分析

1. 孩子的哭闹是一种表达方式。

婴儿 4 个月大时，就会通过哭闹表达自己的负面情绪。负面情绪是个人需求得不到满足时产生的受挫反应。面对挫败，每个人可能产生不同的负面情绪，如愤怒、痛苦、悲伤、自责等，随之而来的行为也不一而足，他们可能选择显性表达，如大哭大闹、动手打人、自己去抢夺，也可能选择隐性表达，沉默、不搭理别人、甚至否定自己有特定的需要。

当需求得不到满足，孩子会使用习惯性的方式来表达自己的痛苦，大哭大闹就是其中的一种方式，甚至可能是对婴儿期行为模式的延续。学龄前的幼儿除了生理需要，心理需要也变得丰富多彩起来，因为心智的成熟度不够，其表达不满的方式还比较单一且原始化，如果这种行为经常得到强化，即一大哭大闹，需求就被满足了，那么孩子就倾向于不去探索其他的自我满足方式，自动化地使用大哭大闹。同时，如果其他表达需求的方式常常被阻挠和禁止，也会导致孩子采用以往有效的方式表达需求，即使这种方式可能在当前已经不恰当了。

2. 对于经常哭闹孩子需要关注其哭闹的原因。

如果孩子只是偶尔用不恰当的哭闹、耍赖、纠缠等方式表达诉求，家长可以不用太过在意，甚至可以适当允许这样的表达，这会促使孩子更灵活面对自己的痛苦、表达自己的不满。但是如果孩子经常使用同一种方式来表达自己心理需求得不到满足的痛苦，那么家长则需要关注其哭闹的原因。

一种可能是孩子的神经活动类型是不灵活且不稳定的，他们气质类型可能偏向于抑郁质。这类孩子的心理活动容易固化，他们可能具有良好的注意力。但是同时，他们更为敏感，需求不满足造成的负面情绪更倾向于持续。因此，他们会长时间地表达痛苦，为了得到足够的安慰和回应，其表达方式也可能很特别。这需要父母付出更多的耐心去引领他们走出负面情绪，合理表达痛苦。

另一种可能是家庭教养带来的不良模式。现在很多家庭都只有一个孩子，父母、祖父母都会将更多的注意力和宠爱投注在孩子身上，甚至孩子还没有表达需求，长辈们就已经开始包办了。孩子很少遭遇需求满足不了的挫败感，他会形成一个对世界的简单模糊的认识，即“我的需求都应该得到满足”。但是，随着孩子慢慢长大，他们的需求越来越难以被满足，一旦遭受需求满足不了的挫败感，他们的痛苦体验将很高，会无意识地继续要求被满足，甚至用反复尝试父母严令禁止的哭闹方式。

3. 有求必应和疾言厉色并不是制止哭闹的好方法。

面对孩子的大哭大闹，一部分家长会因为孩子强烈地表达负面情绪而妥协，祖父母辈也会因为心疼孩子，给父母施压而让其努力满足孩子的各种需要。一旦需求得到满足，孩子可能立即停止哭闹。但是，正如大家所担心的那样，百依百顺并不能让人们将自己的欲望控制在合理范围，反而会助长不合理需求。

相反，另一部分家长坚信“一定要治一治这个臭毛病”，常疾言厉色地拒绝孩子的不合理要求，并怒斥孩子的哭闹行为。幼小的孩子可能并无法区分需求是否合理，他更可能体验到不被理解的痛苦而愈加大吵大闹，也有可能“偃旗息鼓”，不再强求。但是这种表面的平静可能正在塑造孩子，他可能学会否定自己的需求和表达，也有可能形成苛刻严厉的道德标准。无论哪种情况，都可能对孩子造成不良影响。而更多家长则会像兰兰妈妈那样进退两难。那么，应该如何应对大哭大闹的孩子呢？

小建议

1. 自我情绪觉察，共情孩子的需求。

面对正在大哭大闹的孩子，家长需要做的第一步并不是去照看孩子，而是关照自己的情绪。很多父母在孩子表现出大哭大闹行为时，第一反应可能是难以忍受、焦虑、烦躁、无奈、尴尬、气愤等，特别是当孩子的行为在大庭广众之下反复发生。很多父母带着这样的情绪，根本没有耐心去安抚感到挫败的孩子。家长需要明确，3~6 岁的孩子还不能根据现实情况作出合理判断，因此无论他们的需要在成年人眼里多么不合理，对他们而言都是渴望被满足的需要，他们选择的寻求满足的方式对其而言也没有好坏对错。

调适好自己的情绪后，家长需要做的是安抚孩子的情绪，向孩子表达刚才的情境里发生了什么，告诉孩子你肯定哪一部分、否定哪一部分。作为故事中兰兰的家长，可以这样说："妈妈（爸爸）知道你很想要那个玩具，你觉得它很好，你很喜欢，没有那个玩具你会觉得不开心，所以你拉着不让妈妈走，在妈妈拒绝你后，你想通过大哭大闹的方式让妈妈满足你的要求。妈妈（爸爸）能理解你想要玩具的心情，但是不能接受用大哭大闹，在地上打滚的方式让妈妈给你买玩具。"如果孩子继续要求，也可以重复上述过程。最后明确表达满足孩子是因为什么，不满足是因为什么，让孩子清晰地知道自己哪些行为是被认可的，哪些是不被认可的。

2. 灵活多变地满足孩子的需求。

实际上，当孩子用大哭大闹来表达需求时，家长能够采用的应对方式只有两种，满足或不满足。但是，一味地满足与一味地拒绝都会引发很多问题，也不存在一套固定的模板，让家长能够对照着看什么情景应该满足，什么情境应该拒绝。但是，在这所有的不确定之上，有一个原则是确定的，那就是培养孩子的多面性和灵活性。这种灵活性的培养是建立在自由包容的家庭环境中，也建立在父母对孩子细致地理解上。鼓励孩子使用“新”的方式，而不是所谓“对”的方式。

例如，案例中的兰兰在大哭大闹之前，她曾使用肢体动作“拉住妈妈”和语言表达“我想要”，但这都不奏效，因此她改用了大哭大闹。如果妈妈在这个时候告诉兰兰：今天你和以前不一样，你用拉住妈妈这个行动（语言）表达了你的诉求，因此妈妈愿意满足你的愿望，这时候，孩子知道自己为什么被满足，不是因为我的需求合理、应该被满足，而是我要的方式是可以的。或者妈妈可以告诉兰兰：虽然我知道你很喜欢那个玩具，但是今天你用大哭大闹的方式，是很不值得提倡的，妈妈想和你商量，如果有一天你用新的方式告诉妈妈你想要那个玩具，那妈妈就会把它买给你。

3. 训练孩子的延迟满足能力。

延迟满足是为更有价值的长远结果而放弃即时满足的抉择取向，它是自我控制力的一种表现。曾有心理学家发现，坚持更长时间延迟满足的孩子，在未来的人生中更可能取得成就。在孩子提出要求时，不要立马满足他，可以请他等一会，并循序渐进地拉长等待时间。但是，这个拉长并非无原则的拉长，而是明确地让孩子知道，他要等多久，他会得到什么。

例如，案例中的妈妈可以告诉兰兰：今天妈妈没计划给你买玩具，钱没带够，明天妈妈带够了钱，带你来买好吗？之后，妈妈应该在第二天履行承诺。这样能帮助孩子形成稳定的预期，更愿意尝试延迟满足。否则，孩子可能感受到延迟就意味着失去，更不愿意延迟满足，不满足之后也会爆发更强烈的情绪反应。

不仅是在孩子哭闹时，在任何时候，都可以请孩子等一会儿，五分钟、十分钟、半小时再满足孩子的需求。这样，孩子对不能立刻满足需要可以接受，也能够逐渐提升其情绪耐受性。此外，最开始延迟满足时，可以尝试等待时间短一点儿，并允许孩子提出更改等待的时间。

孩子什么都不和父母说

小故事

11岁的婷婷上五年级了，她喜欢“蔡徐坤”“易烊千玺”等偶像明星，在房间里贴满了他们的图片。一天，妈妈帮婷婷打扫房间，一张蔡徐坤的照片掉在拖把上，捡起来时已经弄污了，婷婷回家得知后大发脾气，要求父母以后不准进自己的房间。慢慢地，婷婷在家时也经常把自己关在屋里，不和父母沟通。眼看着孩子就要升到六年级了，婷婷的父母却越来越不了解孩子的学习生活，他们很焦虑。这天婷婷不在家，妈妈乘机溜进房间偷看了婷婷的日记，发现婷婷竟然计划着要独自去邻近的城市参加偶像的签售会。父母大惊失色，连忙和婷婷核实。婷婷得知妈妈偷看了自己的日记，和父母又吵又闹，更加封闭自己，一连半个月都不和父母说话。爸爸妈妈真没想到本来和睦的家庭会变成这样，虽然偷看女儿日记很不对，但是女儿这样什么都不和父母讲，当父母的该怎么办呢？

小分析

1. 孩子有独立的需要。

不知从什么时候开始，孩子有了对父母保密的意识，他们不再喜欢什么事情都告诉父母、不让父母进入自己的房间、自己写日记、注重自己的隐私等。这完全是正常的表现，甚至是积极的、值得鼓励的。因为这代表孩子追求独立的意识觉醒了。

独立是成长的最终目标，家长们经常说要培养孩子的独立性，却很少关注他们与生俱来的追求独立的需要。其实，当一个孩子开始追求个性，明确界定自己喜欢什么、认同什么，要求私人空间、个人隐私，就代表他们的自我边界开始建立，追求独立的需要进一步增强。

一般而言，从小学高年级开始，孩子就会产生独立的需要。独立的需要来源于孩子自我意识的发展。随着青春期的到来，孩子的内在世界不断丰富，他们开始越来越明确地意识到自我和他人可以有不同的需要、兴趣、目标等，也会努力塑造“自我”，要求独立。

孩子塑造“自我”的努力还包括界定自己的喜好，如购买具有某种特征的物品、崇拜特定的偶像等，案例中婷婷的追星活动就有这层意义。除此之外，孩子也会通过特定的行为来表现自己，如在自己的物品上做特殊的装饰和标记。

孩子也会通过语言表达独立需求，如“你们别管，我自己知道怎么办”“我知道了，不用你们说”“我可以的，让我自己试试”……很可能从父母的角度看，孩子根本不具备处理这些问题的能力，但是这正是孩子独立需要的体现。

2. 父母过度关注。

孩子“什么都不和父母讲”，并不一定是孩子回避和父母的交流，而是父母存在太多有关孩子的焦虑，希望时时刻刻、事无巨细地了解孩子的一举一动。

现在很多家庭只有一个孩子，因此父母会将大量的注意力投注在孩子身上。小时候，孩子缺乏独立的能力，什么事都依赖父母，父母就慢慢习惯于孩子的依赖，全心全意地关照孩子。

但随着成长，孩子独立意识不断增强，他们不再需要父母时刻关注自己。如果这时候父母没有觉察到孩子的变化，还用往常的方式对待他们，孩子自然而然就会做出一些回避行为，如关房门、写私人日记、经常在外和朋友玩不回家等。

更糟糕的是，一些父母感到自己被孩子排斥后，更加努力地想要了解孩子，结果往往适得其反。许多亲子关系的矛盾都是这样产生的，父母不断靠近，孩子不断回避，当孩子最终避无可避，就会和父母爆发剧烈的亲子冲突。

3. 家庭氛围中的隔阂。

孩子不愿和父母讲自己的事，一个重要的原因是感受到了父母的不认同和不理解。随着自我意识的发展，孩子会特别在乎他人的评价，也会对他人的否定非常敏感。

案例中婷婷的父母虽然没有明确反对孩子的追星行为，但是在半开玩笑的言语上，让婷婷感受到了父母的拒绝和否定。婷婷对父母的反驳就说明了这个问题。

中国式的家庭很容易让父母和孩子产生隔阂，这其实有两个重要的原因：其一，成年人总认为小孩子的情绪不重要，习惯在家里拿孩子开玩笑，或者逗孩子生气来活跃家庭氛围；其二，父母不习惯表达对孩子的认可和肯定。

实际上，从小学开始，孩子的情绪就在不断向心境化的方向发展。也就是说，孩子的情绪不再是来得快去得快，而会慢慢变成一种反应平缓持续时间长的心理状态。而且，孩子的情绪也会越来越多掺杂认知的成分，孩子会越来越关注情绪表达的意义。

因此，父母用一些话来逗孩子，很有可能造成孩子的心理困扰。随着孩子对这些言语的理解，他们更可能感受到父母对自己的不理解、不接纳，从而不愿意和父母谈及自己的事情。

中国式父母全心全意为孩子操心，但是很少表达对孩子的爱和肯定，这也容易让孩子误解父母的本意。如案例中的婷婷，她可能很难意识到父母没有阻止她追星，就是对她的肯定和支持，但父母说她喜欢的偶像不切实际却能直接刺痛她，让她感到不被理解和认同。

1. 接纳孩子正常的隐私需求。

孩子成长的过程就是父母放手的过程。孩子不断地成长，除了孩子自己要不断适应自己的成长，父母也要不断适应孩子的发展，作出恰当的回应。在这个过程中，父母最重要的就是学会接纳。

所谓“接纳”，就是允许他们是那个样子。允许孩子开始不再完全依赖你，允许孩子想要有自己的空间，允许孩子关起房门神神秘秘做自己的事情，允许孩子喜欢上你不喜欢的偶像明星。

接纳的对立面是要求和改变。有的父母虽然不会直接要求孩子必须打开房门，汇报日常生活，但会通过其他方式监视孩子，如频繁联络学校的老师、要求孩子的朋友汇报孩子的行踪、偷看孩子的日记等。这并不是接纳，而是通过改变规则，让孩子依旧处于毫无隐私的状态。

很多家长会有这样的担心，如果真的不管孩子在做什么，他们会不会做危险的事情？有这样担心的家长需要知道，如果孩子要躲着你做一些不安全的事情，凭借去监控、去围堵是无法保证孩子安全的。我们更多的努力应该放在让孩子们愿意和我们分享他们的想法和计划、愿意听我们的建议、接受我们的看法。

2. 正确表达理解和支持。

如果父母能正确地表达理解和支持，孩子感受到家是开放包容、能够接纳自己的地方，那么他们就不需要刻意隐藏自己。当遇到自己不太确定的事情，孩子也会对父母更有信心，相信他们会表现出积极的态度，从而更愿意与父母商量，听取父母的建议。

无论孩子是否要求隐私和私人空间，去表达对孩子的理解和支持都会很有帮助。理解和支持不是反复告诉孩子，“无论你做什么，爸爸妈妈都会理解你，支持你。”只有你的行为、做法才是最有说服力的理解和支持。

理解和支持是沟通出来的，倾听和真诚的接纳才能让孩子感到被理解、被支持。家长应该经常和孩子聊天，问问他对一些事情的看法，听听他的见解。

不要着急去和孩子争辩那些和自己不一样的想法，而是多听他们说说这样想的原因。当孩子的某些想法很偏激时，也不要着急去矫正，用父母的权威让孩子屈服接纳你的观念会变得越来越无效。孩子有一些片面的观点是很正常的。这时候，只要用很客观的态度表达家长的态度就可以。如这件事爸爸妈妈和你的看法有些不同，你愿意听听爸爸妈妈的看法吗？

虽然理解和支持能帮助父母和孩子更好地交流，但是父母必须认识到的一件事是：孩子终将长大，他们会有越来越多你不知道的秘密，就像你对孩子也有秘密一样。

3. 学会和孩子分享自己的事。

如果父母愿意和孩子分享自己身边的事，更能够促进亲子之间的交流。很多父母认为，孩子还小，什么都不懂，跟他们有什么好讲的。殊不知，也许正是这种想法，让孩子感到了你们之间的代沟，放弃了与你们交流的欲望。

和孩子分享自己的事，最重要的是少脱离事件讲道理。一个好的开端是和孩子聊聊你们都知道的事，表达一下自己的观点和看法，然后问问孩子的看法是什么。妈妈可以和女儿聊聊女孩子喜欢的手工作业、美食、时尚用品等，爸爸可以和儿子聊聊体育竞技等。

和孩子聊一聊自己的童年，曾经的友谊和娱乐的方式也是一个话题。虽然孩子会自然而然地想到父母也曾有过童年，但是当缺乏具体的场景和事件，孩子很难想象父母的年少时光。这样的分享会让孩子更了解父母，拉近你们之间的心理距离，产生亲近感。

学会和孩子分享自己，也包括自己的新发现和顿悟，也是让孩子看到一个不断成长的自己。去了解当前年轻人之间流行的事物，特别是孩子喜欢的东西能让你和孩子间创造无数的话题。

不懂得拒绝的孩子

樱樱和平平是好朋友，她们的爸爸是同事，两人又是同班同学，家也住得很近，因此经常一起玩。这天，平平和妈妈到樱樱家做客，好客的樱樱妈妈拿出家里最好的水果茶点招待她们。樱樱和平平坐在地板上玩过家家，她们找到了好几个洋娃娃充当不同的角色，但是还差一位小厨师，于是两人在屋里找来找去，终于在樱樱的书柜里找到一个非常漂亮的洋娃娃。平平高兴地拿到客厅去摆过家家，樱樱却失落地欲言又止。平平对这个洋娃娃爱不释手，一会儿动动洋娃娃的头，一会儿扯扯娃娃的裙子，一直拿着洋娃娃不放。樱樱只能渴望而心疼地看着自己的洋娃娃在平平手上被摆弄来摆弄去。玩了一会儿，平平拿起洋娃娃跑到两位妈妈身边，“阿姨，这个洋娃娃真漂亮，可不可以借给我玩几天？”平平妈妈正要开口教育她，樱樱妈妈却大度地说：“没关系，你喜欢就拿回去玩两天，但是过两天你得还回来，这可是我们家樱樱最喜欢的娃娃。”平平妈妈见状，又嘱咐平平：“这是樱樱的玩具，你还没问过她的意见呢？”平平满不在乎地说：“没关系，她肯定会同意的，樱樱特别好，而且我们是最好的朋友！”樱樱坐在地板上，看了看平平，又看了看妈妈，无奈地点了点头。平平带着洋娃娃走后，樱樱独自坐在沙发上一言不发，妈妈过来安慰樱樱：“好了，别难过了，妈妈知道那是你最喜欢的娃娃，可是平平过两天就会还回来了，别那么小气。我们家樱樱是最大方的。”樱樱却依旧很难过地说：“可是妈妈，我很担心艾丽（洋娃娃名字），平平会不会把它弄坏了。”妈妈笑着说：“不会的，放心吧。”妈妈又摸了摸樱樱的头，就自顾自地收拾起客厅来。

小分析

1. 拒绝是对自我需要的维护。

懂得谦让、主动分享、举止大方、待人热情，一直是社会提倡的理想人格。很多家长不遗余力地培养孩子的大方谦让，最终，人人赞扬孩子的乖巧懂事，父母获得内心的满足，却很少有人意识到，那个不敢拒绝的孩子，丧失了自我维护的能力。

拒绝是一种自我维护的能力，它维护的是一个人的需要，也维护一个人的边界和尊严。当一个人表达拒绝，也就完成了一次宣告：我是一个独立的人，我有我的需要和主张，我有权利被看到、被尊重、被满足。

一个从小就没有学会拒绝的孩子，经常看不到自己的需要，甚至会否认自己的需要。独自一人时他们常常感觉到“空虚”，很难自我满足并体会到生活的快乐。与他人相处时，他们又会感到“痛苦”，因为他人总是从他们这里拿得多、给得少。他们找不到自己的位置，也无法维护自己的尊严，只能逆来顺受。

一个从小就没有学会拒绝的孩子，会习惯性地混淆自己和别人的需要，也混淆自己和别人的责任，区分不清自我与他人的边界。他们会努力满足他人，也期待被他人满足。当期待落空，他们很难认识到是别人不肯满足自己，而会反复在自己身上找原因，是不是我做错了什么？是不是我不够好、不够可爱？这种自我怀疑会让孩子很容易陷入抑郁和自卑。

更严重的是，一个不会拒绝的人也很难拒绝他人的恶意，这一点对于孩子异常危险。这相当于孩子在直面恶的时候，连远离躲避的机会都没有。

不懂拒绝就等于放弃了自我维护。家长们切忌像案例中的樱樱妈妈那样，只顾着培养孩子的大方谦让，鼓励孩子放弃了自我需要的满足，最终只能让孩子成为一个不懂拒绝的人。

2. 不敢拒绝是对负面情绪的恐惧。

孩子不敢拒绝，另一个重要的原因是他们不敢直面他人的负面情绪。很多家长虽然并没有一味强调孩子要大方谦让，但是在日常生活中，经常要求孩子温顺、听话、服从，不允许孩子忤逆自己，这也会造成孩子不敢拒绝。

实际上，拒绝他人是一个有风险的过程。主张自己的需要和权利，就有可能妨害他人的权利，也就有可能被别人讨厌、拒绝、排斥和攻击。如果孩子恐惧他人的负面情绪，就会更倾向于不拒绝，默默忍气吞声。

另一种情况是整个家庭很少冲突或回避冲突，孩子没有办法在日常生活中学习到应对负面情绪的办法。看到他人因为被拒绝而发脾气、难过，会感到拒绝别人会造成很严重的后果，导致孩子不敢拒绝别人。

3. 区分自私与合理拒绝。

很多家长会担心，让孩子主张自己的需要，会不会导致孩子变得自私呢？这对孩子的成长也会带来不利的影响。在这里，家长就需要区分孩子的自私和合理拒绝。

所谓“自私”，是指孩子以自我为中心，不顾及他人的需要，仅要求自我被满足。而合理拒绝，是声张自己的权利，维护自己的需要，防止自己的合理需要被侵犯。如案例中樱樱拥有娃娃，当她也想要玩娃娃的时候，她就有权利不出借娃娃，平平想要玩娃娃的权利应该是排在她自己的需要之后，她的拒绝就是合理拒绝。

案例中平平的行为算不算自私呢？并不算，她没有考虑到樱樱也喜欢这个洋娃娃，就提出自己的诉求，这是非常合理的。平平的妈妈提醒她要问问樱樱的意愿也是恰当的做法。只是，平平想当然地认为樱樱一定会同意（也许因为她平时和樱樱的相处就是这样），且最后樱樱的首肯，让她没有能力判断樱樱并不想出借自己的洋娃娃。

而所谓的“自私”，是樱樱明确表明自己不想出借，平平依旧想用各种方式带走娃娃甚至占有娃娃。而且，自私的孩子往往会拒绝考虑别人的感受，或否定别人的需要，如想也不想地说“她同意”“她不喜欢这个娃娃”。最重要的一点是，自私的孩子会在与很多人的相处中表现出自私。如果孩子只在和某些人的相处中特别自私，要多观察他们的相处，也许会有不一样的发现。

有的家长会有这样的想法：这么大的孩子应该能看出别人情愿不情愿了，看到别人不情愿还去要就是自私。这实际上是一种不合理的要求，因为这在要求孩子都对别人的情绪敏感，且要为他人的需要负责。这容易培养出讨好型人格。

1. 鼓励孩子表达自己的需要。

如果你的孩子已经有了不敢拒绝的苗头，那么首先要教他们的是敢于表达自己的需要。如果孩子年龄还小，父母可以引导孩子多说“我要……”，如果孩子的年龄已经上小学，甚至上了中学，父母要做的就是肯定孩子的需要，无论这个需要能不能满足。

肯定孩子的需要并不是无条件地满足它，这也不可能做到。所谓肯定是肯定孩子提出需要这件事，而不要让孩子感受到提出需要是不应该的，令人羞愧的。当不善拒绝的孩子提出一个无法满足的需要时，父母可以这样讲：“爸爸妈妈很高兴你能告诉我们你的需要，只是这个需要我们没法满足你。我们不满足你不是你提要求这件事不好，你感到有需要就提出来是很好的做法。”

父母也可以教育自己的孩子正确认识自己的需要：每个人都有自己独

特的需要，且每个人都有权利要求自己的需要被满足。尊重自己的需要，也学会用合理的方式满足自己。别人的需要并不比自己的需要更重要或高级。有的时候，我们出于善意、尊重，会放弃自己的需要而谦让别人、与他人分享，这是非常好的品质，但这并不是从来如此。

2. 和孩子一起应对负面情绪。

当别人有负面情绪时，我们通常都会有些紧张和不适。我们每个人看到他人的情绪，都会多少受到感染，这是人类交流的基础，叫作同理心。

很多负面情绪与攻击和丧失相关联，当一个人愤怒、憎恨、不满、痛苦时，就会做出一些平常不会做的事，如进行破坏或攻击别人，因此我们的大脑在感受到别人的负面情绪时，会自动地产生警惕。因此，孩子害怕别人的负面情绪是很正常的。但是为了逃避负面情绪，不敢拒绝他人，就得不偿失了。

培养孩子的自尊自信可以提升孩子的勇气，让孩子直面未知的情景和他人负面情绪带来的压力。自尊自信来源于孩子感觉到自己的做法是对的、是值得肯定的，这需要家长日积月累地鼓励和肯定、恰当地批评管教。

同时，可以教孩子一些调节情绪的小方法，这样孩子会处理自己的情绪，就能对情绪有掌控感，对负面情绪的恐惧感也会下降。他们也可以教给自己的朋友，缓解其负面情绪。

找人倾诉、转移注意力、运动都是调节情绪的好办法，这些对于孩子而言也很实用。投入到一个令人着迷的电影剧情中，能转移注意力，应对一时的不快。如果孩子感到不满、委屈、不甘，且又没有机会表达，和孩子选一个东西代替他想要表达的那个人，让孩子倾诉。这也可以作为一种表达预演。有时候，我们可以和孩子做一些小游戏如情绪表演来缓解情绪。

3. 树立合理拒绝的榜样。

虽然学会拒绝对孩子有很多积极意义，但是家长也要避免矫枉过正。孩子敢于表达自己的想法，却不会使用拒绝技巧，可能失去朋友，影响人际关系。因此，教育孩子学习拒绝，不是仅仅教他们说“不”，还要学习“恰当”地说“不”。

所谓“恰当”，即最少地挫伤别人的情感，又能明确地表达自己的诉求。所以这个恰当其实是有多种表现方式。委婉地拒绝不容易伤害别人，但是也容易让别人理解不到拒绝的意思，而明确的表达则容易让他人感到受伤。

最好的方式是为孩子树立榜样，最好的榜样就是父母自己。父母是孩子最佳认同对象，在夫妻之间、亲子之间，都可以示范拒绝。此外，用故事中的人物教育孩子学会拒绝也是一个好办法。

在日常情境中，可以引导孩子去观察各种拒绝的场景以及拒绝的方式。在观察之后，向孩子提出几个问题，可以让孩子说说看到了什么，他们为什么拒绝，他是怎么做的，你认为恰当吗？这样，让孩子知道观察的主题，加深孩子的记忆。

最重要的还是鼓励孩子在不同的情境中去练习，父母可以创造一些拒绝情境，在家里和孩子进行练习。

与异性交往的烦恼

小故事

睿睿刚上初三，爸爸妈妈就发现孩子有些不一样，他变得非常爱玩手机，经常看到有人和睿睿在手机上聊得火热。有时候，睿睿吃着饭也盯着手机屏幕，还不时露出会心的微笑。爸爸妈妈都觉察到了不对，和睿睿的好朋友一打听，原来睿睿在学校里谈了一个女朋友。这可让爸爸妈妈吃了一惊，初三正是关键的时刻，睿睿谈恋爱影响了成绩怎么办？孩子现在也发育了，要是两个人再偷食了禁果，那后果可不堪设想。爸爸妈妈逮着机会和睿睿长谈了一次。睿睿倒也没有隐瞒，说自己确实每天在和一个女同学聊天，但是他们两个人没有谈恋爱，只是好朋友。女孩是去年的转校生，叫雯雯。因为是她的同桌，睿睿帮了雯雯不少忙，两个人渐渐成了好朋友。雯雯也和自己一样喜欢羽毛球和演讲，因此经常约着一起打球，分享各种演讲或学习的资料。谁知道班里竟传起了两人在谈恋爱的流言，为此班主任老师还让他们注意交往距离。两个人没办法，只好在班里少说话，改在网上交流。儿子的坦诚让父母放心不少，可是却依旧放心不下：虽然两个人现在是没有谈恋爱，可是这样发展下去，会不会转变成早恋？应该怎么教育孩子？

小分析

1. 孩子与异性交往的阶段性特征。

孩子突然和异性朋友要好，确实会让很多父母大吃一惊，因为在很多父母的记忆里可能还保留着孩子对异性同学的不屑和排斥，怎么突然又和异性交上了好朋友呢？

在幼儿期和儿童早期，孩子们的交往一般是不分性别的，男孩和女孩经常一起玩，即使分开，也是因为不同的兴趣而非性别。

随着孩子性别意识越来越清晰，第二性特征的逐渐发育，孩子直观明确地意识到男孩和女孩是不同的，男女生之间会出现一段很明显的性别隔离期。这时候，男孩只和男孩交朋友，女孩只和女孩一起玩。孩子也会认为与异性接触是不纯洁的表现，对异性更多采取冷漠、回避，粗暴排斥的态度。

性别隔离期只是一个很短暂的时期，很快，孩子们适应了性生理发育带来的差异感，性别好奇会占据上风，进一步促成异性友谊，并为成年期的两性吸引打下基础。

研究人员调查发现，53%的男生和67%的女生会从15~17岁时有亲密的异性朋友。这和同性朋友一样，是孩子友谊的另一种形式，会给孩子带来更多有益的身心发展。

2. 与异性交往的重要性。

异性友谊能够让孩子感受到认同、获得安慰、学会处理人际问题等，这与同性友谊具有相似的功能。虽然异性友谊无法完全替代同性友谊，但是无疑它能带给孩子一些同性友谊无法带来的益处。

首先，异性友谊能帮助孩子建立更积极灵活的两性观。通过与异性交往，孩子也能更加明确自己的性别角色，领会到异性的性别角色和特征，打破性别刻板印象，更积极客观地认识异性，这也为孩子今后建立稳定亲密的婚恋关系创造有利条件。其次，异性友谊对孩子的个性完善非常有价值。由于社会对男女性别有不同的性别角色期待，男孩子容易发展出刚毅但缺乏情感表露的性格，女孩子容易发展出柔和但多愁善感的性格，同性友谊会强化这种性格特征，而异性交往则能互相中和，减少性别性格中不良影响。再次，异性友谊可以促进孩子的认知活动，激发孩子的创造力。

心理学的一些研究发现，当有异性在场，无论是男孩还是女孩都会自然而然产生一种竞争意识，这会让孩子的大脑更活跃，更想要表现优秀，创造力更为活跃。

可以说，与异性交往不仅能帮助孩子促进性别观念的形成，完善自己的个性，让性格更加豁达、情感更加丰富，还能提高学习与活动效率，激发内在的积极性和创造力。

3. 对异性有好感是正常的情感过程

孩子的异性友谊会发展成恋爱吗？答案是有可能的。即使在成年人的异性交往中，由朋友发展为恋人也是很常见的。实际上，对于很多人而言，亲密的友谊和朦胧的爱恋之间很难划出一道明确的分隔线。这并不是说孩子交往了异性朋友，就一定会谈恋爱，但对异性同学产生好感，是中学生非常普遍的情感体验。

美国心理学家赫洛克的性意识发展理论揭示了中学生的恋爱特征。赫洛克认为，孩子在12~16岁时会进入一个仰慕长者的“牛犊恋”期，孩子会向往比自己年龄大的异性，如老师、学长、学姐等。孩子开始关注自己的性别特征和对异性的吸引力，常常实施暗恋，较少采取直接的行动。在16~18岁时，孩子开始向往年龄相仿的异性，可能在集体活动中积极主动地接近中意的对象，引起对方注意。这时候孩子对恋爱还充满浪漫和理想主义的期待，恋爱关系可能不太稳定。

很多孩子可能会在中学阶段尝试一段青涩的恋爱，有的爱情甚至会持续至成年，将孩子带入婚姻的殿堂。恋爱关系的建立会让孩子体验到强烈的情感波动，增加孩子对成人世界的向往和追求。不过，更多的学生时代的恋情是理想化的，终会慢慢逝去，变成人们回忆的青春和初恋。它是孩子迈向成人世界的一次尝试，也是孩子一次特殊的情感过程。

1. 让性教育跟上孩子发育的脚步。

性教育是关于人类的生殖活动、生理需要、交媾以及其他方面性行为及性卫生的教育，也包括两性关系的教育引导。中学生的第二性征已经开始发育，性成熟正在逐渐形成，科学的性教育急需提上家长教育的日程。

在中学阶段，孩子的性教育应该包括：认识身体的构造、生殖器官的结构和功能；理解自己身体的变化，认识和接纳性欲望，正确处理身体的变化；与性相关的价值观和社会规范；拒绝过早、非自愿或被迫的性行为。

很多家长觉得孩子还小什么都不懂，或已知孩子并没有早恋并不需要担心，或者羞于启齿，不重视孩子的性教育，这其实是非常不负责任的做法。其实，初中高年级的孩子已经会做一些自我刺激的性行为，如性幻想。很多中学生都不理解自己的性欲望和性冲动，也不可能合理地进行自我管理，从而暴露于巨大的性风险中：孩子们也许知道艾滋病和性疾病，会担心怀孕，但是他们的性行为很少具有保护措施。

家长们首先要调整自己的性态度和性观念。也许性让人感到羞耻，但它并不是肮脏的，也不是需要回避的，它是每个人生命中必然经历的一个过程。要知道，你对性的拒绝会影响孩子的性观念。如果家长难以启齿，为孩子挑选一本性教育的书籍也是不错的选择。

性教育的重点在于性卫生、性健康和性道德方面的教育。前者保护孩子避免遭遇性风险，后者帮助孩子作出健康的性选择。如果你是一个女孩父母，请不要忘记告诉她在性方面的自我尊重与自我肯定——没有人有权利用性去定义她。

2. 引导好过“围追堵截”。

如果你的孩子还没有进入恋爱关系，他们正在努力把握友谊与爱情的边界，这时候，家长的信任和支持能让孩子的坚守更加坚定，能够勇敢地面对流言蜚语、好奇和诱惑，坚持自己的初衷。家长在此基础上进行积极引导，往往能起到非常好的效果。

青春期的孩子对异性好奇、和异性结为朋友是很正常的，如果看到孩子的异性交往，就“围追堵截”，用各种盘问、规劝、禁止、阻碍等方式不允许孩子的异性交往，不但会损害亲子关系，导致孩子心情郁闷、注意力不集中等，还会影响孩子的人际交往和健康发展。

其实，不少青少年都曾有过这样的经历：本来只是普通的异性交往，但在同学、老师和家长的猜疑与流言中，异性朋友之间慢慢将友情的信赖理解为爱情的依恋，友情被“逼”成了爱情。

所谓“积极地引导”，家长首先要做的是对孩子正常的异性交往放宽心态。青春期的孩子已经有了理性的判断力和预见力，在开始一段爱恋之前，他们也会有权衡和分析。给孩子更多信任，让他们去尝试友情与爱情的界限，对他们会更有利。父母开放信任的态度，也会吸引孩子主动表达自己的困扰，让父母的帮助更能有的放矢。

当孩子在异性交往中遇到了问题，如和朋友争执，被误解恋爱等，家长们可以适当地给孩子一些小建议。如当孩子与异性同学发生争执，可以由异性父母开导孩子。像案例中睿睿这样被同学和老师误解的情况，应该帮助孩子减轻流言的影响。异性交往被误解为恋爱，很大一部分原因在于异性同学交往过于紧密和排他。可以建议睿睿和雯雯在交往中邀请别的朋友参与，也鼓励他们保持公开交往，毕竟越是隐秘，越是容易被猜疑。同时，家长也可以和学校的老师进行沟通，减少睿睿和雯雯的正常的交往被流言所困。

3. 学会静观其变。

如果家长发现孩子已经进入了恋爱关系，正在享受美好的爱情，最好先静观其变。和孩子摊牌或约法三章虽然并没有错，但是会让孩子感到缺乏对自己生活的掌控力，挫败孩子自主自立的愿望。大部分孩子会把恋爱当作个人的事，因此不希望被成年人知道和监管。

静观其变要看的是孩子的生活、学习、情绪状态有没有发生不良的变化。如果没有，说明孩子目前可以管理自己的爱情，没有让它影响自己，那么家长大可以让孩子保持这样的状态。如果有变化，如情绪波动大、学习状态不好、经常熬夜和恋人聊天等，这时候再进行干预，孩子自己也会有配合的动力。

家长们需要认清的一点是，孩子受到恋爱的影响，不是恋爱这件事出了问题，而是孩子缺乏处理恋爱与学习生活的能力，如时间规划、情绪管理等。

比如孩子总是用写作业的时间和恋人聊天，从而熬夜写作业，导致上课精力差，学习下降，那么应该帮助孩子建立时间管理的概念，让孩子思考作业时间和恋爱时间应该如何分配。

再比如孩子的问题是总控制不住地想起恋人，因此影响了上课的注意力，那么可以教给孩子一些小方法保持注意力。一个训练注意力的好办法是让孩子练习只想一件事。如孩子可以给自己设定一个时间段，这个时间段要足够长，足够孩子想一遍有关恋人的事，用这段时间只想着恋人，想的越多越细致越好。在其他时间想到恋人时，就用自我提示把注意力拉回来，让自己的注意力集中在要做的事情上。

如果恋爱对孩子的影响是多方面的，孩子很难通过一些调整让学习生活回到正轨，那么坐下来和孩子理性地谈一谈，分析利弊，让孩子选择。请相信孩子，他们会对自己的生活负责。

参考文献

【1】SHAFFER D R，KIPP K. 发展心理学：儿童与青少年[M]. 邹泓，等译. 北京：中国轻工业出版社，2016.

【2】BECK J S. 认知疗法：基础与应用[M]. 张怡，孙凌，王辰怡，等译. 北京：中国轻工业出版社，2013.

【3】DAMON W，LERNER R M. 儿童心理学手册[M]. 6 版. 林崇德，李其维，董奇，译. 上海：华东师范大学大学出版社，2015.

【4】白学军. 儿童发展 [M]. 北京：高等教育出版社，2016.

【5】简・B. 布鲁克斯. 为人父母[M]. 张璇，译. 北京：机械工业出版，2015.

【6】简・尼尔森. 正面管教[M]. 玉冰，译. 北京：北京联合出版公司，2016.

【7】杰弗里・E. 杨，珍妮持・S. 克洛斯科. 性格的陷阱：如何修补童年形成的性格缺陷[M]. 王怡蕊，陆杨，译. 北京：机械工业出版社，2019.

【8】李群锋. 儿童行为心理学[M]. 苏州：古吴轩出版社，2016.

【9】李子勋. 陪孩子长大[M]. 北京：中国广播电视出版社，2006.

【10】孙云晓，孙宏艳. 学会做事[M]. 北京：北京出版社，1999.

【11】唐登华. 与烦恼相处—精神的主客观分析[M]. 北京：民主与建设出版社，2000.

【12】唐红波. 小学生常见心理问题及疏导[M]. 广州：暨南大学出版社，2005.

【13】王玲. 高中生常见心理问题及疏导[M]. 广州：暨南大学出版社，2006.

【14】李丹，李正云. 中小学心理健康教育小学教师用书[M]. 上海：华东师范大学出版社，2004.

【15】杨治良，边玉芳. 中小学心理健康教育：心理（初中教师用书）[M]. 上海：华东师范大学出版社，2004.

【16】陈旭先，林立. 儿童青少年强迫症家庭因素的研究[J]. 国际精神病院杂志，2008，35（2）：116–119.

【17】王锦琰，罗非. 疼痛心理学的发展及其临床和社会意义[J]. 中国疼痛医学杂志，2006，12（4）：238–240，243.

【18】黄红. 与孩子沟通的艺术[M]. 北京：科学出版社，2008.

【19】阿黛尔·法伯，伊莱恩·玛兹丽施. 如何说孩子才会听怎么听孩子才肯说[M]. 安燕玲，译. 北京：中央编译出版社，2015.

【20】米杉. 儿童情商教育[M]. 卢彦萍，译. 北京：社会科学文献出版社，2013.

【21】卡特琳娜·盖冈. 如何高质量地陪伴孩子[M]. 徐晓雁，译. 北京：新星出版社，2016.

【22】伯镛. 男孩如何面对遗精[J]. 辽宁青年，2001（24）：56–58.

【23】伯镛. 偶然偷窥与性道德[J]. 辽宁青年，2002（16）：60–62.

后记

今天，带着浓浓印墨雅香，本书问世了，这是对我和热爱家庭教育同行者付出的辛勤汗水的最好回报。

以过去几年我和我的团队在家庭教育教学与研究所积累的经验和成果为基础，并以近几年所获得的经典案例为支撑点，我们编纂了本书，书中的每一章节都以实际发生的故事为引子，展开了家庭教育的实践研究，从而促进家长帮助孩子健康快乐成长的探索与追求。这个过程有艰辛、有犹豫，但更多的是成就感和幸福感，所以这个过程是“痛并快乐着”。本书的编委都是在家庭教育领域的研究者与实践者，有着丰富的经验，内容涉及了家庭教育的多个方面，每个故事从小处着手，最终展示的是深刻的回味。另外，在编纂的过程中，我们对家庭教育的理解及整体构建研究也在不断完善、成熟和深入。我们寄希望本书的正式出版，能够帮助广大家长在孩子的家庭教育中有所启示，感悟与孩子的相处之道，促进家长的自我成长，惠及广大津门百姓。

在此，感谢一路上支持帮助的专家、学者，他们的无私指导，成就了我们的成功。感谢本书的策划和编辑。

本书由张铁梁统稿及校订，引言由陈文革执笔，第一部分由徐平执笔，第二部分由耿红宇执笔，第三部分由伯镛执笔，第四部分由汪娜执笔。本书配套的音频诵读由高畅老师录制。由于笔者水平和能力所限，书中肯定存在很多不妥之处，敬请读者谅解。真诚希望得到大家的帮助和指导，谢谢大家！

本书在编写过程中还得到了中共天津市委教育工作委员会、天津市教育委员会的关心与支持，两委领导和有关部门负责同志对本书的编写提出许多非常好的指导意见和修改建议，在此一并表示衷心的感谢！

陈秀茹

2022 年 4 月